꼬닥꼬닥 걸어가는
이 길처럼

꼬닥꼬닥 걸어가는
이 길처럼

길 내는 여자 서명숙의 올레 스피릿

북하우스

들어가며

올레길도,
인생길도,
꼬닥꼬닥
걸으라게

그때는 몰랐다. 길을 걷는다는 것과 길을 낸다는 것이 얼마나 다른 일인가를. 삼 년 전 고향 제주에 길을 내기 위해 귀향할 때만 해도, 걸어가듯 길을 찾으면 길이 될 줄 알았다. 세상일에 무지한 '퇴역기자'의 무모한 도전이었다. 주위의 질시와 오해, 행정관청의 오만과 편견에 지쳐서 보따리를 싸고 싶었던 적도, 길을 내는 일로부터 도망치고 싶었던 순간도 있었다.

천일 동안 많은 길을 냈고, 숱한 올레꾼들을 만났고, 천당과 지옥 사이를 오갔다. 돌부리에 걸려 넘어질 때마다 누군가가 손을 내밀었고, 흐느껴 울 때마다 누군가가 눈물을 닦아주었다. 때로는 친구가, 때로는 올레지기가, 때로는 올레꾼이. 바다에서 해병대가 홀연 나타나기도, 하늘에서 특전사가 떨어지기도 했다. 시간이 흐르면서 일부러 자기 마을을 꼭 들러서 가라는 주민들도 생겨났다.

올레꾼들은 내게 말했다. 정말이지 행복했노라고, 위로받았노라고, 치유 받았노라고. 그들이 그런 말을 해줄 때마다 나도 행복했고, 위로받았고, 치유 받았다.

그 무엇보다도, 이 황홀하고도 신비롭고 평화로운 제주의 바다와 곶자왈과 오름이 내 아픈 가슴과 지친 마음을 쓰다듬고 어루만지고 달래준다. '다 지나가는 일이여. 살당 보민 살아진다(살다 보면 살게 된다).' 설문대할망의 땅이 나를 도닥여주었다.

아직도, 내게 상처도 외로움도 분노도 남아 있지만

사람들은 간혹 내게 묻는다. 이런 아름다운 곳에 사니까 정말 행복하겠다고. 이런 좋은 일을 하니까 정말 보람 있겠다고. 매일 걸으니까 얼마나 좋으냐고, 근심 걱정이 없겠다고, 성격이 완전히 달라졌겠다고.

얼추 맞는 말이다. 행복하고, 보람 있다. 가끔 육지 출장을 이삼 일 다녀온 뒤 제주공항에 도착해서 한라산과 눈을 맞추고 다디단 공기를 심호흡한다. 역시 제주가 좋긴 좋구나, 새삼 느끼는 순간이다.

하지만 그런 나도 매일 걷지는 못한다. 특히 이번 책을 쓰는 석 달 동안은 거의 걷지 못했다. 아주 가끔 감질나게 길에 나서곤 했을 뿐. 성질이 조금은 바뀌었지만, 타고난 DNA는 어쩌지 못해서 이번 책을 만드는 과정에서도 편집자와 여러 번 다투기도 했다.

제주에 내려와 살면서도, '세상에서 가장 평화롭고 행복한' 길을 내면서도, 여전히 나는 다혈질이고, 종종 외로워하고, 때로 분노하고 절망한다. 덜어내고 버림으로써 행복해지는 삶을 추구하면서도, 여전히 버리지 못한 욕망과 사랑에 대한 갈증으로 고통스러워한다.

그럼에도, 지금 서문을 쓰는 이 순간, 참으로 행복하다. 삼년 동안 만난 올레꾼의 사연을 되돌아보며 울고 웃으면서 지난 시간들을 돌아볼 수 있었기에. 그리고 '황홀한 글감옥'에서 석방돼서 나를 위로하고 치유해줄 올레길과 만나게 될 설렘 때문에.

부디, 이 책을 읽은 여러분들이 조금은 행복했으면 좋겠다. 가득가득 채우고, 빨리빨리 승진하고, 양손 잔뜩 물건을 사는 삶이 행복은 아니라는 것을 길에서 터득했으면 좋겠다. 내가 낸 길 위에서 여러분들을 만나 눈인사를 할 수 있다면 더욱 좋겠다.

마지막으로, 책을 마무리할 무렵에 세상을 떠난 올케 최순연에게 이 책을 바친다. 그녀는 길에 미친 시누이와 남편 때문에 맘고생을 하면서도, 자신은 건강 때문에 이 길을 걷지 못하면서도, 올레길 조성을 물심양면으로 도왔다. 다음 생에는 부디 건강한 몸으로 태어나서 길을 걷는 행복을 누리게 되기를 빌면서 이 책을 그녀와 이 땅의 몸과 마음이 아픈 이들에게 바치고자 한다.

　　　　예전에 제주 할망들은 서둘러 달려오다가 넘어지는 손주들에게 말하곤 했다. "재기재기 와리지 말앙 꼬닥꼬닥 걸으라게(빨리빨리 서둘지 말고 천천히 걸어라)."

　　　　대한민국은 너무도 속도가 빠른 나라다. 성적도, 승진도, 집을 넓혀가는 일도, 운동도, 걷기에서도 남보다 빠르기를 원한다. 빨리 가려다 보니 자빠지기도 하고 쓰러지기도 한다. 그런 사람들에게 들려주고 싶다. 저 옛날 제주 할망들의 지혜를.

　　　　"꼬닥꼬닥 걸으라게."

　　　　걷는 길만이 아니라 인생길에서도 마찬가지다.

　　　　　　　　　　　　　　　　　2010년 여름 서귀포시 정방동에서
　　　　　　　　　　　　　　　　　　　　　길 내는 여자 　서명숙

차례

들어가며 올레길도, 인생길도, 꼬닥꼬닥 걸으라게 • 5

올레스토리 1
당신과 함께 걷기에 이 길이 더 아름다워

특전사, 하늘에서 떨어지다 • 16
올레 마스코트 '간세' 탄생기 • 26
대포동의 무서운 네 여자 • 40
킹 왕 짱 친절맨 • 56
그 여자, 순심이 • 65
'왕뚜껑' 탐사대장 • 73
동급최강 천하무적 7인의 올레 탐사대 • 82

올레스토리 2

육지것, 제주올레를 하영 사랑햄수다

황홀한 중독, 올레병 • 102
사랑을 다시 만나다 • 116
가족, 그 따뜻하고도 징그러운 이름 • 126
바람의 섬을 사랑한 바람의 딸 한비야 • 138
내 인생의 두 스승 • 146
제주에 마음을 뺏긴 작가 조정래 • 159
여자들은 왜 올레를 찾는가 • 168

올레스토리 3

올레답게, 올레스럽게, 올레 스피릿!

서귀포 시내를 어슬렁거리는 즐거움 • 180
손빨래 명상의 즐거움 • 192
올레 백 배 즐기는 법 • 197
올레꾼의 외갓집, 할망숙소 • 208
올레꾼이라면 한 번은, '클린 올레' • 218
올레 공화국에서는 '올레 패스포트'로 • 227
올래? 올래! 서귀포 올레시장 • 235
토목공화국에서 '길쟁이'로 살아간다는 것 • 244

올레스토리 4

늦어도 괜찮다고 기다려주는 길, 아픈 상처를 보듬어주는 길

놀쉬멍의 지존, 펭귄 원정대 • 258
죽으려고 왔는데, 살래요 살고 싶어졌어요 • 267
보듬고 쓰다듬고 다독여주는, 설문대할망의 손길 • 278
이 길을 걷노라면 가슴이 먹먹해져, '다크 올레' • 288
제주 자연의 비밀 정원, 곶자왈 • 300
낮잠 자기 좋은 섬, 가파도 • 309

올레스토리 5

오늘, 내가 꾸는 '미친 꿈'

올레 1호점, 대구올레 • 324
혼인지에서 결혼식을 • 331
올레길 주민들에게 바치는 선물 '1사 1올레' • 340
길 위의 학교, 올레 아카데미 • 348
오늘도 올레길은 올레스럽게 진화 중 • 360
세계를 향해, 올레 걷기 축제 • 372

나오며 지금, 여기에 사는 즐거움 • 383

올 레 스 토 리 1

당신과 함께 걷기에
이 길이
더 아름다워

ⓒ강대봉

특전사,
하늘에서
떨어지다

12코스를 기점으로 우리는 드디어 제주시 쪽으로 발을 들여놓았다. 각오했던 일이지만, 북쪽으로 길 내기는 점점 힘겨워졌다. 해안 쪽은 공구리길 해안도로와 즐비한 양식장 때문에 애시당초 포기하고, 해안을 피해 살짝 올라가기로 했지만 여기도 만만치 않았다. 마을 안길은 물론이거니와 마을에서 꽤나 떨어진 곳도 흙길이 남아 있지 않았다. 비좁은 농로조차도 물샐 틈 없이 아스팔트나 콘크리트 포장으로 뒤덮여 있었다.

13코스를 탐사하던 무렵은 햇살이 점점 뜨거워지기 시작한 5월 중순. 흙길, 오솔길, 숲길 하나를 찾기 위해 온종일 헤매기 일쑤였다. 그나마 예쁜 길을 찾아내서 환호성을 질러보지만, 그 길을 지나면 막은 창(더이상 갈 수 없는 길). 탐사대들은 와랑와랑한(이글이글한) 햇살과 보이지 않는 길 찾기에 점점 지쳐갔고, 급기야 한쪽에서 볼멘소리가 터져 나왔다. "제주시 길은 포기허게마씸(포기하자구요)." "답이 어수다(없습니다)." "아멩해도 개장 연기해야쿠다(아무래도 개장 연기해야겠는데요)."

사무국장(겸 탐사대장) 서동성이 어디 포기할 위인인가. '함경도 아바이'인 서송남씨의 막내아들로, 아버지의 울뚝밸과 체력, 천리안에 가까운 시력을 고스란히 물려받은 친구다. 후배들이 오뉴월 햇살에 엿가락처럼 다 늘어져 있는데도 혼자서 오리궁뎅이를 씰룩거리면서 휘이적휘이적 이리저리 내달려본다. 마침내 동성이는 결단을 내렸다.

"기존 길에 연연하지 말고 새로이 숲길을 내자."

사람의 왕래가 없어 꽁꽁 닫힌 덩굴숲의 가시덤불을 걷어내가면서 두 발을 내디딜 만한 폭의 길을 열자는 것이었다. 반드시 거쳐야만 할 만큼 아름다운 내륙의 저수지 '용수 저수지'를 지나서 의자마을 '낙천리'를 지나 저지리까지 가는 사이에 새로 내야 하는 크고 작은 숲길, 농로가 무려 열세 개나 된다는 결론이 나왔다. 하나도 아니고 열세 구간이라니! 게다가 포크레인도, 중장비도 가동하지 않는다는 '올레

공사의 원칙'을 지켜가면서! 누군가 말했다. "미션 임파서블이야! 우리가 정글 특공대도 아니고!" 그 정도의 노가다 일을 하려면 너덧 명의 자원봉사 탐사팀만으로는 어림도 없었다. 안 되는 건 안 되는 거다.

올레길이 이 지역을 지나가기를 간절히 바랐던 한경면사무소 측에 SOS를 치기로 했다. 면사무소 측은 희망근로사업으로 마을 사람들을 동원해보겠노라고 장담을 하더니, 브로콜리 수확철이라서 도저히 일손을 구할 수 없다면서 손을 들었다. 갈수록 태산이었다. 진짜 북쪽 올레길은 포기해야 하는 걸까.

"여단장님께서 특강을 부탁하신답니다"에 귀가 번쩍

하늘이 무너져도 솟아날 구멍은 있다던가. 하늘에서 구명의 밧줄이 내려왔다. 13코스 때문에 지끈지끈 골머리를 앓던 어느 날 오후, 한 통의 전화가 걸려왔다. 기합이 잔뜩 들어간 목소리로 "저는 ○○특전사 ○○부대 황석호 중령입니다. 통화 가능하시겠습니까!"

"특전사라구요? 무슨 일이신데요?"

"넵, 그렇습니다. 저희 여단장님께서 이사장님 팬이십니다. 책을 읽으시고 감명을 받으셔서 꼭 특강 강사로 모시고 싶어하십니다."

"제가 제주에 있어서요. 육지엔 웬만하면 안 가거든요."

"아닙니다, 저희가 이번에 이백 명의 사병들이 한 달 동안 제주로 하계훈련을 나갑니다. 그때 모시고 특강을 들으려고 합니다."

군인 이백 명이 제주에! 순간 맘속으로 '야호' 소리를 질렀다. 우리의 난제를 해결해줄 구세주가 나타났구나. 잠시 심호흡을 하고선 말을 이어나갔다. "군이 무슨 돈이 있나요? 나라를 지키는 분들에게 돈은 안 받을 테니, 대신 저희들 부탁 하나 들어주실 수 있을는지요."

황중령이라는 이가 씩씩하게도 대답한다. "네! 말씀해보십시오."

그동안 우리의 사정을 소상하게 이야기했다. 남쪽 8코스에 해병대가 만든 해병대길이 있다, 북쪽 13코스엔 특전사 숲길을 만들면 어떻겠느냐, 민간의 힘으로 도저히 할 수 없는 난공사여서 그렇다고 덧붙였다. 황중령은 군인답게, 매우 좋은 일인 것 같지만 자기 선에서 결정할 순 없는 사안이니 상부에 보고하고 난 뒤에 다시 연락을 드리겠단다. 다시 전화가 걸려오기까지, 한나절이었던가 하루였던가. 입술이 바짝바짝 마르고 가슴이 벌렁거렸다. 안 되면 꽝이고, 되면 '제2의 기적'이 일어나는 셈. 운명의 주사위는 어디로 향할 것인가.

따르릉. 황중령이었다. 한마디로 오케이. 여단장께서 내 책에서 중문 갯깍 '해병대길'을 읽고 무척 부러웠다면서 이 기회에 해병대길보다 더 명품길을 만들어야 한다고 신신당부했단다. 야호!!!

"네, 열심히 하겠습니다!" 산속에 울려 퍼진 복창

며칠 뒤, 약속한 특강 날짜에 제주지역 특전사를 방문했다. 해병대길 문제로 제주지역 방어사령부는 몇 차례 가봤지만, 산중 숲속의 특전사는 처음이었다. 군과는 손톱만큼의 인연도 없었건만, 아니 〈오마이뉴스〉 편집국장 시절 '노충국 일병 위암 판정 은폐 사건'을 대대적으로 보도한 탓에 악연만 있던 터에, 올레길에서는 군과의 인연이 계속되다니. 사람 일은 참으로 모를 일이다.

검게 그을린 건강한 피부, 얼굴에서 온통 반짝이는 검은 눈망울만 보인다. 그 눈망울이 무려 사백 개. 허리를 곧추 세우고 경청할 자세로 앉아 있는 장병들 앞에 서니 절로 긴장됐다. 올레 때문에 수십 차례의 특강을 전국적으로 돌아다녔지만, 이런 청중은 처음이다. 긴장할 거 없어, 우리 '올레 특공대'라고 생각하고 진솔하게 이야기하면 돼, 스스로를 다독였다.

바야흐로 신록이 우거진 6월, 산중 특강장은 사방이 오름으로 둘러싸여 세법 운치가 있었다. 오름 이야기부터 자연스레 꺼내면서 내가 왜 올레를 내게 되었는지, 그 길이 숨가쁘게 살아오느라 지친 대한민국 국민들을 얼마나 행복하게 만들고 있는지, 따라서 여러분이 그 길을 내는 데 동참하는 게 얼마나 의미 있는 일인지, 길 내기야말로 평화를 지키는 국민의 군대가 수행할 수 있는 최고의 특수작전일 수 있다고 역설했다.

　　　시간이 흐를수록 장병들의 분위기가 달아오르고 있음을 직감했다. 마지막으로 물었다. "여러분, 아름다운 제주올레길에서 최고의 명품길로 꼽히는 해병대길 못지않은 특전사길을 내실 수 있지요? 믿어도 됩니까?" "네! 문제없습니다! 더 멋진 길을 만들 겁니다!" 씩씩한 대답이 되돌아왔다. 이젠, 됐다.

　　　헤어지기 전에 황중령에게 더 고무적인 이야기를 들었다. 이번에 제주에 내려온 건 대테러 밀림작전을 수행하기 위함이라 정글훈련에 대비해 일본제 삭도를 비롯한 일체의 장비를 갖고 왔으며, 올레작전에는 이백 명 정예 특전사 중에서도 최정예 부대원 오십 명이 투입된다는 것이었다. 최강의 체력을 자랑하는 일꾼에 장비까지 지참이라니! 아무래도 올레일은 하늘의 보우하심이 있는 듯싶었다. 나도 모르게 소리쳤다. "정말이지 하늘에서 딱 떨어진 것 같아요!" 황중령은 씩 웃으면서 "원래 특전사는 하늘에서 내려옵니다. 낙하산 타고요." 우리는 누가 먼저랄 것도 없이 하, 하, 하 웃었다.

길 내면서 쉼터까지 원스톱으로

얼마 뒤 즉각 작전에 돌입했다. 일단 현장을 한번 둘러본 황중령과 대대 참모들은 이 공사에 적어도 사나흘은 걸리겠다고 입을 모았다. 하루에 두 시간씩 날마다 체력훈련을 하는 특전사 최정예 장병들이지만, 맨손과 삭도만으로 숲길 열세 개를 내려면 그만한 시간이 필요하단다. 너무 미안한 마음에 식사는 올레 자원봉사자를 동원해서라도 어떻게든 우리 측에서 제공하겠다고 제안했다. 그러나 황중령은 "그건 안 됩니다. 그러면 저희들이 일을 못 합니다. 대민지원사업을 하면서 민폐를 끼치는 건 군기위반입니다." 단호히 거부했다. 부대에서 출동하는 밥차로 해결한다는 것이었다.

다음날부터 공사가 시작되었다. 올레 사무실에서 수박과 얼음, 생수를 사서 위문공연을 갔다. 어찌나 덥고 습한 날씨인지 울창한 숲속에서 작업하는데도 장병들의 러닝셔츠는 땀으로 흠뻑 젖어 있었다. 황중령이 자랑스러운 표정으로 말했다. "뭐 하나 구경시켜 드릴 게 있는데, 보시겠습니까?"

그가 이끄는 대로 오시록한(은밀한) 농로 중간으로 들어가서 한참을 걸어가다 발을 멈췄다. 아, 돌로 만든 탁자와 의자가 앙증맞은 작은 쉼터였다. 작업하는 장병들이 그곳 주변에 굴러다니는 돌멩이로 한번 만들어보았단다. 이름 하여 '기봉이 쉼터(작업을 지휘한 선임하사

의 이름이 기봉이란다).' 땡볕에 힘든 작업을 하면서 쉼터까지 만들어낸 열의와 재치에 감동받고 말았다. 특전사 만세!

특전사의 감동 대작전은 여기에서 끝나지 않았다. 산고 끝에 드디어 13코스가 열리던 날, 특전사는 숲길 군데군데에 장병들을 배치하여 전국 각지에서 몰려든 올레꾼들을 맞이했다. 한적하고 평화로운 숲길에 난데없이 얼룩무늬 전투복을 입은 군인들이 지켜서 있어서 처음엔 흠칫 놀라던 올레꾼들도, 이 길을 낸 주인공이라는 걸 알고서는 박수와 함성으로 감사를 표했다. 곁에 있던 한 중년 여성이 혼잣말을 중얼거렸다. "아이고, 이 더위에 남의 아들들 너무 고생시켰다이. 위에서 하라니까 안 하지도 못하고." 아마 아들을 군대 보낸 어머니인지도 모른다는 생각이 들었다. 내가 오지랖 넓게 끼어들었다. "군대에서는 파낸 구덩이 다시 메우기도 한다는데, 이건 훨씬 보람 있잖아요. 영원히 남는 작업인데요, 뭐."

특전사 장병들도 옆에서 거들었다. "이제까지 저희들이 수행한 작전 중에서 가장 즐겁고 보람 있었습니다." "언젠가 부인이랑 애들이랑 꼭 같이 걸어볼 겁니다. 아빠가 만든 길이라고 설명해줘야죠."

13코스 특전사 숲길을 걸을 때는 기봉이 쉼터에 걸터앉아 땀을 식히고 숲그늘을 즐기시라. 숲의 향기를 맡으면서 특전사가 흘린 땀방울에 감사할 일이다.

올레 마스코트
'간세' 탄생기

　　　　이재후 변호사(김&장 대표)에게서 전화가 걸려왔다. 올레 개장 첫해에 올레길을 두 코스 걷고 난 뒤 "이십대 초반부터 오십 년 동안 제주에 못해도 백 번은 왔을 텐데 왜 이런 풍경과 음식을 이제야 보게 되는가" 한탄했던 분이다. 혼자만 알고 있기가 아까워서 감각 있는 CEO에게 올레길을 꼭 가보라고 추천했으니 한번 만나보란다.

그 '감각 있는 CEO'는 현대카드 정태영 사장이었다. 경제에는 별반 관심도 없고 문외한이지만 그에 관한 이야기를 신문, 잡지에서 몇 번 읽은 기억이 났다. 정몽구 현대자동차 회장의 사위, 탁월한 디자인과 마케팅 전략으로 꼴찌 회사를 몇 년 만에 업계 2위로 올려놓은 인물, 문화적인 이벤트에 공격적인 투자를 한다던가.

그의 일행과 올레 7코스 시작점인 외돌개 '솔빛바다'에서 만나기로 했다. 약속 시간에 예닐곱 명의 남녀가 계단을 내려오는데, 도무지 누가 정사장인지 알 수가 없다. 건네주는 명함을 보니 청바지를 입은 모던한 남자가 바로 정사장이다.

존경하는 분이 모처럼 부탁한 일이라서 법환포구까지만 같이 걷기로 했다. 지금은 올레꾼과 토막 올레꾼들로 넘쳐나지만 당시 돔베낭길은 몇몇 중국 관광객들만 대장금 촬영지를 둘러보려고 들르는 한적하기 이를 데 없는, 그러나 우리나라에서 가장 아름다운 데크 산책로였다. 정사장 일행은 이곳의 풍광에 넋을 잃고 "와, 지중해를 왜 가니?" "제주가 이렇게 아름다웠어?" 서로 과격하게 감탄사를 주고받았다. 서귀포시에서 몇 년 전 큰돈을 들여 조성한 돔베낭길에서 시작된 탄성은, 제주올레 첫 탐사대원 수봉이가 삽과 곡괭이로만 만든 '수봉로'와 공물해안에서는 아예 신음소리로 바뀌었다. 정사장이 말했다.

"이 길이 훨씬 마음에 드는데요. 이게 진짜 올레길인가보죠?"

"그럼요. 저희들은 돈이 없어서도 못 깔지만, 돈이 있어도 데크는 안 깔아요. 공구리는 물론 절대 사절이고요."

"저희들이 좀 도와드리면 안 될까요?"

당초 법환포구까지만 걷기로 했던 정사장 일행은 어떤 풍경이 기다릴지 궁금하다면서 좀더 걷고 싶단다. 일행의 반응에 고무된 나도 더 걷기로 했다. 호젓한 오솔길로 접어들 무렵, 정사장이 느닷없는 질문을 던졌다. "그런데, 이 길을 어떻게 만들고 유지하시나요? 입장료도 전혀 안 받는데 올레 사무국은 어떻게 꾸려나가지요?"

누가 CEO 아니랄까봐 재정 문제를 파고든다. 내가 가장 직면하기 싫어하고 어떻게든 외면하고 싶어하는 문제를.

"뭐 그럭저럭 굶지는 않아요. 길 탐사하고 리플릿 만드는 건 도청에서 일부 보조금을 받고, 제가 원고도 쓰고 특강도 다니고, 이변호사님처럼 가끔 후원금을 주시는 분도 있고요."

"원고료, 그것 갖고 어림도 없죠. 후원금도 어쩌다 주는 걸로는 안 되죠. 구성원이 안정적으로 생계를 꾸려야 이 귀하고 가치 있는 프로젝트를 지속성 있게 할 수 있죠."

누가 돈을 달라길 했나, 경영 컨설팅을 해달라고 했나, 짜증이 밀려들었다. "차차 방법이 생기겠죠." 말을 끊었다.

한참을 서로 말없이 걸었다. 다시 정사장이 말을 걸어왔다. "아름다운 제주에도 감동했고 서이사장의 순수한 생각에도 감동했어요. 이 일이 굉장한 프로젝트라는 생각이 들어요. 우리나라 사람들만이 아니라 세계인이 찾아올 수 있다고 봐요. 그래서 말인데요, 저희가 좀 도와드리면 안 될까요? 이러면 어때요? 올레 개척 비용이고 사무국 직원들 월급이고 필요한 경비는 저희가 다 댈게요."

정사장은 갑작스러운 제안에 당혹해하는 내 표정을 읽고 부연설명을 곁들였다. "광고나 홍보 효과, 그런 거 기대하는 거 아니에요. 올레길 오는 사람이 아무리 많아져도 우리 고객들 숫자에 견주겠어요? 저희가 바라는 건 딱 한 가지. 올레길의 가치를 처음 알아본 기업이라는 명예를 갖고 싶은 거예요. 그리고 이런 가치 있는 일이 계속 되었으면 하는 거죠."

헤어지기 전, 완곡하게 거절 의사를 밝혔다. "정사장님, 고맙고 미안합니다. 지금 이대로 그냥 가보겠어요. 아무리 순수한 마음으로 도와주더라도 세상은 오해할 거고, 기업이 스폰서를 한다면 올레가 주는 감동이 사그라들고 말 거예요. 제주올레의 가치를 인정해준 그 마음만 고맙게 받겠습니다."

정사장은 소문대로 쿨했다. 서이사장의 생각을 존중하겠다면서 즉시 제안을 철회했다. 마음이 날아갈 듯 가벼웠다. 엄청난 제안을 길게 고민하지 않고 거절한 스스로가 대견했다. 자연이 이런 힘을 준 걸까?

그러나 자부심이 자책으로 바뀌는 데에는 그리 오랜 시간이 걸리지 않았다. 이듬해부터 도청에서 주던 알량한 보조금이 갑자기 중단됐다. 한 달에 하나씩 코스를 개장하겠노라고 공언했고, 개장 날짜만을 손꼽아 기다리는 단골 올레꾼들이 생겨나던 시점이었다. 나와 동철이는 본디 '미친 남매'니 그렇다 치고, 서울에서 직장을 때려치우고 제주로 내려온 은주와 탐사일을 맡은 동성이, 수호. 월급을 줘야 할 사람만도 셋으로 늘었다. 홈페이지에 들어오는 올레꾼이 급증하면서 홈페이지 개편도 큰 숙제로 떠올랐다. 곶감 빼먹듯 통장 잔고는 줄어들고, 그에 비례해서 자신감도 쪼그라들었.

그럴 즈음 정사장이 부인과 함께 올레길을 걸으러 내려왔다. 원래 걷기를 즐긴다는 부인은 여자 특유의 감수성 때문인지 남편보다 더 길에 매료되었다. 부인의 반응에 고무된 탓일까. 정사장은 지난번보다 더 머뭇거리면서 다시 이전의 제안을 내놓았다.

올레의 순수성이 더 중요한 걸까, 길을 내는 지속성이 더 의미 있는 걸까. 보조금마저 뚝 끊겨서 직원들 월급은 고사하고 사비를 들여서 길을 만들어야 하는 판에, 올레꾼들의 감동과 주변 평판을 의식하는 건 내 알량한 허영일지도 몰라.

회의를 소집했다. 직원 셋이 한결같이 쌍수를 들고 반대했다. 막내동생 서동성 탐사국장은 눈을 부라렸다. "누나! 초심을 잃지 말고 제발 흔들리지 맙써!"

모두의 동의를 구해 제안을 거절하고 나니 마음은 홀가분했다. 정사장과의 인연은 여기에서 끝나는 듯했다.

사차원 오실장의 엉뚱 발랄한 실험

올레 개장 삼 년째로 접어들면서 올레길의 이정표 문제가 자주 거론되었다. 리본과 화살표에만 의지해서 걷다 보니 지금 어느 구간을 걷고 있는지, 어떤 사연을 지닌 곳인지 알 수 없어 갑갑하다는 올레꾼들이 많았다. 좁은 길이나 외길에서는 잘 보이던 리본과 화살표가 널찍한 대로변이나 삼거리, 사거리에서는 찾기 힘들다는 하소연도 접수되곤 했다.

최소한의 이정표나 알림판을 설치하긴 해야겠는데, 문제는 디자인과 돈이었다. 풍광을 해치지 않으면서 세련되게 만들려면 두 가지 요소가 어느 정도 충족되어야만 했다. 고심 끝에 생각해낸 곳이 현대카드였다. 현대카드가 서울시에 공영 버스정류장 디자인을 기부했다는 기사가 떠올랐다. '올레길에 디자인을 재능기부해줄 수 있는지' 타진하는 메일을 정사장에게 보냈다. 디자인실 책임자를 제주로 내려보낼 테니 머리를 맞대보라는 연락이 왔다.

오준식 디자인실장. 척 보기에 '어린 왕자' 필이 나는, 아무리 뜯어봐도 회사원 같지 않은 남자였다. 올레꾼의 정서를 파악하기 위해 미리 내려와서 이틀 동안 혼자 걸었단다. 그 역시 올레에 푹 빠져 있었다. 국내 학교에서 '부적응아'였던 그는 프랑스에서 오래 공부했단다. 프랑스는 '자연은 만인의 공유물'이라는 의식이 강한 나라다. 좋은 인연이 될 것 같다는 예감이 들었다.

그 뒤로도 그는 몇 차례 더 내려왔다. 그와 두어 번 동행했는데 그때마다 그는 엉뚱한 짓을 하곤 했다. 중문의 최고령 해녀인 고인오 할망(87세)에게 전복죽을 시켜 먹는데, 느닷없이 할망에게 종이를 들이밀면서 한글을 써주십사고 청했다. 할망은 잠깐 당황한 표정이더니 "나 글 쓸 줄 몰라. 여자난 학교 안 보내줘부난" 고개를 푹 숙였다. 보는 내가 민망했다. 그런데도 오실장은 "할머니, 그럼 제가 쓰는 대로 따라서 그려보세요"라는 게 아닌가.

할망은 머뭇거리다가 오실장이 '가 갸 거 겨' 쓰면 얌전한 학생처럼 비뚤비뚤 받아적었다. 한참 그리다가 더는 못 하겠다 버티면, 오실장은 끈기있게 기다렸다. 오실장의 속내를 도무지 짐작할 수 없었다. 그저 디자이너 중엔 또라이가 많구나, 싶었다.

속이 텅 빈 간세, 자연을 고스란히 받아들이다

긴 기다림의 시간이 지나고 오실장이 구상을 마쳤단다. 돌멩이에 그린 파란 화살표와 나무에 매단 푸른색과 오렌지색 겹리본은 정감도 가고 올레꾼들에게 많이 익숙해졌으니 그대로 가는 게 좋겠단다. 맥이 탁 풀렸다. 그럴 거면 왜 오랫동안 우릴 기다리게 한 거냐구.

그의 복안은 따로 있었다. 화살표와 리본을 찾기 힘든 넓은 공간이나, 설명이 꼭 필요한 장소에만 제주 조랑말 형상의 구조물을 설치하겠단다. 그는 스케치북을 꺼내 조랑말 스케치를 보여주었다. 허걱, 이게 조랑말이라고? 조랑말을 상징물로 삼은 건 좋은데, 문제는 조랑말의 형태였다. 아무리 디자인이 생략과 상징의 예술이라지만, 얼핏 보면 두 개의 네모 혹은 의자 같다. 누가 이걸 제주 조랑말로 받아들이겠는가.

내 황당한 표정은 아랑곳하지 않고 오실장은 스케치북을 넘기면서 설명을 이어나갔다. 이 조랑말은 서이사장이 지중해보다 아름답다고 자랑하는 제주의 바다색으로 표현하고, 이름은 올레의 콘셉트 '간세다리(게으름뱅이)'에서 따온 '간세'로 부를 것이다. 장소를 설명하는 '설명 간세'에는 안장을 얹겠지만, 방향을 가리키는 '방향 간세'는 텅 빈 그대로 놔둘 것이다. 간세의 여백은 구름과 하늘과 바다와 오름이 채우거나 풀들이 자랄 것이다. 재료는 전적으로 친환경 소재를 이용해서 만들겠다······. 썰렁하기 이를 데 없던 간세가 오실장의 열정적인 설명

ⓒ현대카드 제공(사진가 민희기)

을 거치면서 어느덧 푸르른 꿈을 지닌 생물체로 다가왔다.

놀랄 일은 또 있었다. 그는 마지막 장에서 '올레 점빵'이라고 쓴 독특한 서체를 보여주었다. 지난번에 고인오 할망에게 글씨를 쓰게 한 걸 기억하느냐고 묻더니, 할망이 비뚤비뚤 그린 자모음을 집자해서 만든 글씨체란다. 서툰 글씨가 이렇듯 정감 어린 올레 서체로 둔갑하다니. 오실장은 지역민들이 올레 여행의 직접적인 수혜자가 되어야만 올레길이 영속성을 지닐 수 있다면서, 마을의 작은 점방(가게)이나 할망숙소에 올레 서체를 적용할 생각이란다.

제주 여성의 손으로, 개성 만점 '간세 인형'

그날 오실장은 내 배낭에 매달린 '올레 베어'에 한참 눈길을 주었다. 초기에 기념품으로 제작했지만 제주의 이미지와 어울리지 않는 것 같아서 절판한 제품이었다. 저간의 사정을 듣더니 올레길과 잘 어울릴 만한 인형도 고민해보겠단다.

한 달여쯤 시간이 흘렀을까. 오실장이 디자인실의 여직원을 대동하고 제주로 내려왔다. 그녀가 직접 디자인한 '간세 인형'과 함께. 단순하면서도 제주 조랑말의 특징을 잘 보여주는 핸드메이드 제품이었다.

우리는 인형 제작 공정을 놓고 긴 토론을 거쳤다. 인형을 만드는 과정에도 올레 정신이 구현되어야 한다는 것이 대전제였다. 단가를 낮추기 위해 중국 봉제공장에 맡기면 제품 질도 문제지만 인형을 실은 배가 다량의 이산화탄소를 배출한다. 올레답게 국내에서, 되도록 제주 현지에서 만들어야 한다는 의견에 다들 공감했다. 요즈음 멀쩡한데도 내다버리는 헌 옷가지가 많은데 그걸 활용해서 리사이클링 제품을 만들자는 의견이 나왔다. '탄소 제로 간세 인형'이 이렇게 해서 세상에 태어났다.

2009년 5월부터 국립제주박물관과 서귀포 올레 사무실에서 제주 여성들이 둘러앉아 간세 인형을 만들기 시작했다. 제주에서 나고 자란 토박이, 제주 남자에게 시집 온 육지 여자, 올레 때문에 아예 제주에 눌러 살게 된 올레 이민자 등 구성원이 다양하다. 폐의류를 활용하니 원단이 가지각색인데다 만드는 이의 취향도 제각각이어서 간세 인

형은 저마다의 개성을 자랑한다. 여자들은 자기가 만든 인형이 제일 예쁘다며 내놓기가 아깝단다.

앞으로는 필리핀, 베트남, 연변에서 제주로 시집온 다문화가정 여성과 장애 여성들도 인형 제작에 참가시킬 생각이다. 다른 피부빛깔, 다른 문화, 다른 육체 조건을 가진 여성들이 모여서 저마다 다른 조랑말을 만들어내는 날을 나는 꿈꾼다. 아이와 어른, 남편과 아내, 시어머니와 며느리, 잘 걷는 사람과 못 걷는 사람 할 것 없이 올레길에서는 저마다의 속도로 걷는다. 다른 문화, 육체적 차이를 인정하는 것 또한 올레 정신이 아닐까.

ⓒ현대카드 제공(사진가 민희기)

대포동의
무서운
네 여자

중문 대포포구의 한 빌라에서 여자 넷이 일 년 넘게 동고동락했다. 다락방을 제외하면 방도 두 개뿐. 처음엔 혼자 살았는데 육지 후배들이 올레일에 엮여서 하나둘 내려오기 시작했다. '집을 따로 얻을 돈도 없는데 여자들끼리니 같이 살자' 하다 보니 어느덧 넷이 되고 말았다.

"월급 대신 꿈에 투자하는 거니까 미안해 마요"

안은주는 전 직장에서 십 년 넘게 함께 일한 언론계 후배다. 은주, 하면 맨 먼저 생각나는 게 입사시험이다. 경력기자 두 명을 뽑는데 엄청나게 많은 지망자가 몰렸다. 서류심사를 하는데 글도 잘 쓰고 경력도 괜찮은 한 여자가 사진이 '영 아니올시다'였다. 컬러사진은 기본에 포토샵으로 뽀샤시하게 만진 사진까지 등장하는 판에, 이 친구만 1960년대 사진관에서 찍었음직한 촌스럽고 늠름한 인상의 흑백사진을 제출한 것. "와, 여자 조폭 아냐? 선배랍시고 혼내다간 되려 맞겠는걸." 인물을 밝히는 모 인사가 탈락시키려 했지만 나와 다른 동료가 결사적으로 반대해서 서류심사를 통과시켰다. 면접장에 나온 안은주는 서글서글하고 호감을 주는 인상이었다. '반전 효과를 노렸다'라는 우스갯소리가 심사위원 사이에서 오갔다.

가까스로 입사한 은주는 내가 올레일을 시작할 무렵엔 어엿한 중견기자이자 사내의 핵심인물로 성장해 있었다. 〈시사저널〉 사태 때는 노조 사무국장을 맡아 고생했고, 〈시사IN〉을 창간할 즈음에는 창간 자금을 마련하려고 동분서주했다. 길을 내러 고향으로 내려가는 내게 은주는 말했다. "난 선배가 반드시 꿈을 이룰 거라고 확신해. 나중에 내려가서 선배 일 도울게요. 창간하면서 주변에 신세를 너무 많이 져서 당분간은 몸을 뺄 수가 없네."

일 년 뒤인 2008년 가을, 은주는 제주로 내려왔다. 그 계기에 대해서는 서로의 기억이 엇갈린다. 나는 은주가 재정 문제로 허덕이면서도 후원회조차 꾸리지 않는 선배의 게으름과 무능이 안타까워서 스스로 결단했다고 기억한다. 그러나 은주는 기억의 왜곡이라고 반박한다. "선배가 여러 차례 전화해서 너, 이제 약속을 지킬 때가 되지 않았느냐고 다그쳤다구."(글쎄, 내가 그랬나? 어지간히 급했나보다.)

은주는 제주 이민을 착착 준비했다. 남편 상구씨에게 통보하고, 시댁 어르신들을 설득하고, 초등학교 5학년생 외동딸 지민이를 본인이 원하는 인도 뱅갈로르의 인터내셔널 스쿨로 과감하게 전학을 시켰다. 지민이는 일곱 살 때 해외연수를 자원한 엄마를 따라서 이 년간 인도에서 생활했는데, 한국에 돌아와서도 세계 여러나라 친구들과 어울려 지내던 옛 학교를 무척 그리워했다. 마지막 장애물은 직장의 동료, 선후배들이었다.

사표를 내고 제주로 내려가겠다는 은주의 폭탄선언에 회사의 동료, 선후배들은 기를 쓰고 반대했다. 창간 핵심 멤버인 은주가 매체가 채 자리를 잡기도 전에 떠나는 건 무책임하다는 거였다. 그중 몇몇은 내게 전화를 걸어와서 "선배가 떠난 것만으로도 모자라서 은주까지 델꼬 가면 우리랑 원수 되는 줄 아쇼" 으름장을 놓았다. 은근히 마음 졸였다. 은주가 그놈의 정과 의리 때문에 그냥 주저앉을까봐.

하지만 은주는 제3의 길을 택했다. 사직 대신 휴직해서 삼

개월만 서선배 일을 도와주고 복귀하는 절충안을 내놓은 것이다. 〈시사IN〉과 제주올레, 어느 쪽도 반대할 수 없는 해결책이었다. '됐다. 내려온 다음에야 제주의 자연이 붙들어놓을 테지.'

내려오자마자 은주는 실무 해결에는 젬병인데다 특히 돈에 관한 한 백치에 가까운 선배를 대신해서 재정 문제를 풀어나갔다. 먼저, 매달 소정의 후원금을 내는 개인후원 회원제도(CMS)를 구축했다. 올레 사무국을 도와주고 싶다는 이들이 있어도 그런 제안을 받아들일 시스템이 없었는데, 난제가 풀린 것이다. 기업 측과 접촉해서 사무국 후원이나 공동 프로젝트를 의논하는 일도 은주의 몫이었다.

엉성한 자취 살림도 은주의 가세로 온전한 가정으로 변신했다. 재래시장에서 사온 푸성귀와 생선, 올레지기들이 가끔씩 건네주는 김치나 밑반찬으로 매일 아침 푸짐한 가정식 백반을 척척 차려내곤 했다. 첫 책 『놀멍 쉬멍 걸으멍 제주 걷기 여행』을 쓰느라 체력을 소진하고, 올레꾼이 늘어날수록 살림은 더 어려워지는 사단법인을 끌어안고 고심하던 나는 은주식 백반으로 기운을 회복해갔다.

석 달 뒤 은주가 떠나면 어떡하나. 은주가 일을 잘 풀어낼수록 속으로 근심도 깊어졌다. 그저 은주의 결단을 기다리는 수밖에. 시간은 살처럼 흘러서 그해 연말. 약속대로라면 1월 초에는 〈시사IN〉으로 복귀해야 한다. 그해 마지막 날, 저녁을 먹으면서 은주가 말했다.

"나, 오늘 회사에 메일로 사표 보냈어. 아무래도 제주에 남아서 올레일을 계속 해야 할 것 같다고. 월급 걱정은 하지 마. 월급 대신 올레의 비전에 투자하는 거니까."

비전에 투자한다? 은주처럼 멋진 후배를 둔 게 감사하고 행복했다. 서류심사에서 그녀를 떨어뜨리지 않기를 얼마나 잘했던가. 복 중에서도 인복이 최고라는 말이 실감났다.

긴 머리 휘날리며 킬힐 신고 나타난 민정이

워낙 성격 좋은 은주인지라 주변에 따르는 선후배들이 많았는데, 그녀는 이런 인간관계를 올레일에 알뜰살뜰 잘도 활용했다. 본인이 아직 제주에 내려오기도 전, 은주에게 맨 처음 꼬여든 김민정(제주올레 홍보팀장)은 경제부 기자 안은주의 취재원이었다. 국내 굴지의 카드회사 H사에 오래 근무한 베테랑 홍보직원인 민정은 언론 담당을 하면서 은주랑 교분을 쌓았다. 처음엔 업무상 만난 '갑과 을' 관계였지만, 차츰 인생상담을 주고받는 '언니 동생' 사이로 발전했다.

『제주 걷기 여행』 원고를 탈고할 무렵인 2008년 초여름, 은주에게서 전화가 걸려왔다. "잘 아는 후배가 있는데 카드회사 그만두고 대학원에 다니거든. 방학 때 딱히 할 일도 없고 제주에 놀러가고 싶다고 해서, 선배 집에 머물면서 일도 좀 거들어주라고 했어. 한 달쯤 거기 눌러살 생각이래. 잘해봐용."

자기더러 내려오라고 했더니 '꿩 대신 닭'이라고 후배를 내려보내? 그것도 생면부지의 후배를? 도움받기는커녕 내가 챙겨야 하는 게 아닐까? 의구심과 불안감이 엄습했지만, 은주가 어련히 알아서 하겠지, 믿어보기로 했다.

그녀가 제주에 도착하는 날은 공교롭게도 올레 개장행사 전야제 날. 한밤중에 온평리의 ㅎ팬션에서 접선하기로 했다. 올레길이 알려지기 전이라 공항 택시기사 중에 온평리의 위치를 제대로 아는 사람이 드물었다. 더군다나 바닷가도 아닌 중산간에 있는 무명의 숙소인 바에야. 일단 전화로 이동 경로를 가르쳐주겠노라고 했다.

공항에 도착한 그녀가 전화를 걸어왔는데, 정말이지 숨통이 막혀 죽는 줄 알았다. 나긋나긋 공손하기 그지없는데, 말귀는 어찌나 못 알아듣는지. 그녀는 제주에 관한 지식이라곤 전무한 전형적인 '서울 촌년'이고, 나는 자동차 길을 가르쳐주는 데는 젬병인 '길치'였으니 의사소통이 될 리가 없었다.

그녀를 실은 택시는 우여곡절 끝에 칠흑처럼 깜깜한 한밤중에 도착했다. 차에서 내리는 그녀를 보는 순간, 내 불길한 예감이 맞아떨어졌다는 생각이 번뜩 들었다. 레깅스에 짧은 치마, 뾰족한 하이힐…… "잘 부탁드릴게요. 김민정이에요." 그러더니 택시 트렁크를 열어서 끙끙거리며 뭔가를 꺼낸다. 맙소사, 무지막지하게 큰 여행가방이었다. '아니, 이민 왔나. 기껏해야 한 달 있는다면서 일 년치 짐을 갖고 왔네.'

방 안 불빛 아래서 비로소 대면했다. 어라, 치렁치렁한 긴 파마머리일세. 상대의 개성과 취향을 존중하는 편이라 생각해온 나였다. 남자가 머리를 묶건, 여자가 가슴을 홀라당 드러낸 옷을 입건 별반 개의치 않는다. 그러나 유독 긴 머리 여성에게는 비활동적이고 남자의 사랑을 갈구하는 부류라는 고정관념을 갖고 있었다(긴 머리에 판타지를 갖고 있는 한국 남자들에 대한 적대감인지, 머리숱이 적어서 한 번도 머리를 길게 길러보지 못한 자격지심인지 모를 일이지만).

'기껏해야 일주일쯤 있겠군. 아니 이삼 일 안에 돌아갈지도 몰라.'

민정이도 내게 문화적 충격을 받기는 마찬가지였다. 개장행사를 치르고 나서, 난 비로소 출판사에서 보낸 2차 교열 원고 뭉치를 풀어보았다. 원고를 읽어내려가다가 어라, 이건 아닌데 싶었다. 다른 꼭지는? 또 다른 꼭지는? 미친 듯이 읽어내려갔지만, 정말 이건 아니었다. 일주일 동안 날밤을 새가며 절반 이상 다시 쓰다시피 퇴고한 내용이 전혀 반영되지 않은, 초고나 다름없는 교정쇄가 줄줄이 펼쳐지는 게 아닌가.

　늦은 밤이었지만, 왜 이런 사태가 벌어졌는지 확인해야만 했다. 담당자가 착각해서 보낸 건지도 몰라. 애써 자위하면서 떨리는 손으로 전화기를 붙들었다. 담당 편집자는 "선생님께서 초고 그대로 보내셨기에, 수정할 게 없어서 그러신가보다 했어요. 퇴고본은 제가 받은 기억이 없어요. 메일함을 다시 뒤져볼게요." 잠시 후 다시 전화를 걸어온 그녀, 자기가 받은 원고는 그것밖에 없다면서 선생님이 한번 잘 찾아보란다. 출판사에 메일을 보내면서 따로 저장해놓지 않았는데……. 얼굴이 새파랗게 질렸다.
　　설거지를 하다 사태가 심상치 않음을 알아차린 민정이가 다가오더니, 복구할 수 있을 거라고, 써놓은 원고를 어떻게든 찾을 수 있을 거라고 곰살맞게 위로했다. 혼미한 정신을 겨우 수습하고, 민정에게 출판사에서 첨부파일로 보내온 교열본을 어떻게 불러내서 수정했는가를 설명했다. 얘기를 듣던 민정이의 얼굴이 새하얗게 질려갔.
　　"어머, 어떡해요. 그러시면 안 되는데. 불러낸 다음 다시 파일로 저장한 뒤에 수정을 했어야 하는데. 불러낸 건 읽기 전용이지 저장은 안 되거든요."
　　"읽기 전용은 또 뭐야! 읽기 전용은 저장이 안 된다는 걸 어떻게 아냐구!!!"

　　어쨌거나 결론은 분명해졌다. 내 원고 수정본은 이 세상에 존재하지 않는다는 것. 남은 선택은 그 고통스러운 작업에 다시 매달리든가 책 출간을 포기하든가 둘 중 하나다. 책을 쓰느라고 미뤄둔 일도 쌓여 있고, 폭주하는 업무를 처리할 일손도 모자라고, 얼마 안 되는 보조금마저 딱 끊긴 2008년 상반기. 엎친 데 덮친 격, 갈수록 태산이었다. 꾹꾹 눌러두었던 설움이 용천수처럼 터져 나왔다.

거실 소파에 엎어져서 울기 시작했다. 흑흑, 흐윽흐윽, 으앙으앙(후에 민정이가 증언한 울음의 발전 양상이다). 올레일을 하면서 겪은 어려움, 좌절감, 분노, 외로움, 그리움, 상실감이 한꺼번에 밀려들었다. 재물을 탐한 것도 지위를 바란 것도 아닌데, 열정 하나로 길을 내는데, 왜 시련이 끊이지 않는 걸까. 그 순간만큼은 세상에서 가장 불행하고 비참한 존재 같았다.

민정이는 아무 말 없이 내 옆을 지켰다. 얼마나 울었을까. 더는 울 기운도 없었다. 탈진한 내게 민정이가 조용히 물 한 그릇을 건넸다. 묘한 우정, 연대의식을 느낀 순간이었다.

그 뒤에도 두어 차례 비슷한 일이 터졌다. 그때마다 그녀의 도움을 받아가면서 엉킨 실타래를 풀었고, 시나브로 정이 들었다.

'긴 머리 여자'에 대한 내 편견과는 달리 민정이는 착실하고 능력 있는 일꾼이었다. 보도자료를 쓰거나 리플릿을 작성하는 일도 척척이었다. 척 보기에는 손에 물 한 방울 안 묻힐 것 같은데 설거지와 청소, 요리 두루 잘해냈다.

첫인상과 들어맞는 것도 있었으니, 민정이는 대표적인 저질 체력의 소유자였다. 우리 넷 중에 나이는 가장 어린데 늘 비실거려서 '종이인형'이라는 별명을 얻었다.

올레의 국내외 홍보 업무가 폭주하면서 은주에 이어 민정이도 제주에 정착했다. 서울로 잠깐 출장 갔다가 제주공항에 내리면 '휴' 안도의 숨을 내쉴 만큼 빠르게 현지화되고 있다. 우선 공기 냄새부터 다르단다.

하지만 그녀에게도 불만은 있다. 취미가 '마트 활동'인데 중문 쪽에는 큰 마트가 없고, 서귀포시로 진출해도 품목이 서울처럼 다양하지 않단다. "마트 대신 올레가 있잖니? 마트에서도 행복은 안 파는데, 올레에는 행복이 있잖아." 민정이를 달래는 단골 멘트다.

까칠한 수진씨, 보석 대신 올레를 디자인하다

이수진(제주올레 디자인실장)은 은주의 대학 학보사 선배. 사십대 초반의 '올드미스'이지만, 얼핏 보기엔 은주 후배로 보이는 막강 동안의 소유자. 대학에서는 국문학을 전공했지만, 호주에 유학하면서 마음에 드는 쥬얼리를 살 돈이 없어 아예 금속 디자인으로 방향을 선회해 스스로 보석을 만드는, 멋에 죽고 멋에 사는 여자.

그런 그녀가 2008년 겨울, 심신이 지칠 대로 지쳐 하던 일을 때려치우고 홀연 제주로 날아들었다. 오로지 후배 은주를 만나기 위해서.

절호의 기회를 놓칠 은주가 아니었다. 사무국을 운영하려면 수익사업이 필요하고, 특별한 기념품을 찾는 올레꾼도 많은데, 디자인을 맡아줄 사람이 없었다. 그런데 보석 디자이너가 제주에 내려왔으니 호박이 제 발로 굴러온 셈이었다. 하지만 일에 넌더리가 난다는 그녀에게 막무가내 강요할 수는 없는 노릇. 은주는 머리를 굴렸다. 수진이와 여러 날 올레길을 함께 걸었다. 예술가의 감성을 자극해볼 요량으로.

은주의 전략은 적중했다. 1코스 말미오름에 오르던 날, 발밑으로 펼쳐진 드넓은 초록색 당근밭에 흰 눈이 소복이 쌓여 있었다. 푸른 바다, 녹색 당근밭, 검은 돌담, 흰 눈. 제주 자연이 빚어낸 오묘한 색채의 향연이 수진의 영감을 자극한 것이다. "서선배가 좋아하는 두건, 저 컬러로 만들면 예쁠 것 같아!"

빙고! 두건은 내가 가장 애용하는 소품이었다. 햇빛 좋은 산티아고 길에서도, 만년설이 뒤덮은 안나푸르

나 트레킹에서도. 하루에도 몇 번이나 날씨가 변덕을 부리는 제주에서 멀티 두건은 패션 소품이자 서바이벌 장비다. 바람이 잠잠할 때는 모자로 쓰다가, 거세게 휘몰아칠 때는 머리에서 목까지 뒤집어쓴 채 눈만 내놓고 다녔다. 강풍과 추위에도 끄덕 없는 멀티 두건의 위력은 제주에서 빛을 발했다.

제주 자연의 색채에서 모티브를 얻은 두건은 기대 이상이었다. 귤, 흙, 돌담의 색깔을 오묘하게 배치한 '이수진표 올레 두건'은 아름답고 기능적이었다. 요즈음 제주공항이나 올레길에서는 올레 두건을 머리에, 목에 두른 올레꾼들로 넘쳐난다.

발동이 걸린 수진의 두 번째 작품은 올레 스카프. 땀을 닦는 건 물론이고 스카프로도 사용할 수 있게 큰 사이즈로 만들기로 했다. 여름에 주로 쓰일 제품이니 제주에서 볼 수 있는 다양한 채도와 농담의 녹색을 담아내기로 했다. 탄생한 올레 스카프는 제주의 녹색이 얼마나 다채롭고 황홀한가를 보여주는 증거물이었다.

수진이의 세 번째 작품은 엉뚱하게도 화장실이었다. 올레꾼이 급증하면서 맨 먼저 그리고 집중적으로 제기된 민원이 바로 화장실 부족. 관광지나 마을을 지나는 구간은 비교적 덜하지만, 인적이 거의 없는 중산간에는 화장실 문제가 심각했다. 서귀포시청 측과 의논해서 음식점이나 공공시설이 산재한 구간에는 가급적 기존의 화장실을 개방

하는 '열린 화장실'을 유도하고, 그것마저도 불가능한 구간엔 발효식 화장실을 설치하기로 했다.

품성은 착하지만 안목은 유난히 까다로운 수진이가 몰개성하고 볼품없는 공공기관형 화장실에 적개심을 드러낸 탓에 시행사 선정과 예산 집행은 서귀포시가, 디자인은 올레 측이 감수하기로 했다.

시행사가 설계한 화장실을 퇴짜 놓기를 수차례. 나무와 자연석을 멋지게 조화시킨, 좁은 공간인데도 넓게 느껴지는 명품 화장실이 몇 달 만에 첫선을 보였다. 화장실 앞에서 기념사진을 찍어 블로그에 올리는 올레꾼들이 출현할 정도로 '수진이표 화장실'은 눈길을 끌었다. 시행사가 시간에 쫓겨 서두는 통에 80점짜리 화장실에 그치고 말았다며 '까칠한 수진씨'는 아직도 아쉬워하지만.

디자인 업무의 폭주로 수진이의 제주 체류 기간도 차츰 길어지더니, 2010년부터는 아예 보따리를 싸들고 내려왔다. 도시생활을 청산하고 변방에서 '올레'라는 보석을 디자인하는 수진. 무뎌진 감성을 자극하는 제주의 자연과 사랑에 빠져 시골생활에 재미를 붙이는 중에도 도시 여자 수진은 가끔 툴툴거린다. "저 간판 정말 눈뜨고 못 보겠네." "저 건물 색깔 좀 봐, 토할 것 같아." "서귀포 여자들 화장은 왜 한결같이 똑같지?"

예쁘지 않은 건 용납이 안 되고, 추악한 건 용서가 안 되는

수진이의 까칠함을 나는 사랑한다. 세계적인 풍광을 자랑하는 제주에서는 모든 것이 아름다워야 하기에.

하루하루가 시트콤 일일드라마

하는 일도 다르고 개성도 제각각인 네 여자. 우리가 모여 산 '대포동 시절'은 하루하루가 시트콤이었다. "네가 어젯밤 코 고는 바람에 한숨도 못 잤다" "언니도 술 마신 날은 가끔 골던데 뭐" 서울에 어엿한 제 집과 예쁜 공주방을 놔두고 제주 대포동 다락방에 동거하면서 서로 토닥거리는 은주와 수진. 해가 중천에 떠오른 뒤에야 유령처럼 긴 팔다리를 휘저으면서 다락방에서 기어 내려오는 '벽에 가둬놓고 싶은 요정' 민정. 가정식 백반은 싫다면서 아침부터 치즈를 꺼내 무는 '공작부인' 수진.

여자 넷은 눈만 뜨면 수다를 떨기 시작해서, 눈 감기 전까지 멈추지 않았다. 세상 돌아가는 이야기, 도무지 이해불가한 '서귀포식'에 대한 사례 보고, 남자 흉보기, 자식 자랑 등등. 수다의 주메뉴는 역시 올레였다. 올레 스카프, 할망숙소, 허니문 올레, 올레 축제 같은 아이디어를 떠올리거나 구체화시킨 장소가 대포동 빌라였다. 한 여자의 아이디어에 다른 여자가 맞장구치고, 또 다른 여자가 보완책을 내놓는

식이다. 얼마나 시간이 흘렀을까. 갑자기 종이인형 민정이가 비명을 지른다. "이제 그만 자요! 우리 근무시간이 넘 길어요. 눈 뜨면 출근, 눈 감으면 퇴근이란 말예요."

　　　　　민정이의 대사는 그 뒤 우리 사이에 유행어가 되었다. 네 여자가 웃고 떠들고 수다 떨면서 만들어낸 '대포동 시트콤'은 내가 서귀포로 이사하면서 아쉽게도 막을 내렸다. 앞으로 계속될 세 여자의 시트콤 '대포동 시즌 2'를 기대하시라.

킹 왕 짱
친절맨

장면1 느릿느릿 덜컹덜컹 달리는 동회선 일주도로 버스. 갑자기 한 제주 할망이 냅다 소리를 지른다. "양, 아주방아. 여기 좀 세와도라게(이보세요, 아저씨. 여기 좀 세워줘)."

운전기사의 퉁명스러운 지청구가 뒤따른다. "여기가 정류장이우꽈. 집 앞에 세와도렌허민 어떡해마씸(여기가 정류장이에요? 집 앞에다 세워달라고 하면 어떡해요)."

"무싱거? 너네 어멍한테도 경 골라(뭐라고? 너네 엄마한테도 그렇게 말해라)."

탕탕탕, 할망은 문을 부서져라 두드리고, 화가 난 기사는 '끼이익' 급정거한다. 내 옆자리의 김경수 화백이 잔뜩 긴장한 표정으로 흔들리는 몸을 급수습한다.

2007년 8월 초, 올레길 개척 초창기에 목격한 장면이다. 1코스 브로셔에 삽입할 만화를 스케치하려고 동행했던 김화백은 제주 이주 일 년 차인 '육지것'. 그의 눈에는 제주 할망과 운전기사의 다툼이 매우 인상적이었나보다. 이제는 희귀본이 되어버린 1코스 브로셔에는 당시의 에피소드가 맛깔나게 그려져 있다.

장면2 올레 사무국 여자들의 숙소인 대포동 풍림빌라. 호출을 받은 콜택시가 벌써 현관에 서 있다. 혹시나 야단을 맞을세라 구르듯이 3층 계단을 내려가서 택시에 얼른 몸을 구겨넣는다. 아무 말도 없다.

"안녕하세요."
"……."
"어디 갈거꽈?"
"외돌개로 가줍서."
"……."

부르릉, 택시는 내달린다. 나는 더이상 참지 못하고 잔소리에 돌입한다.

"아저씨, 인사나 좀 헙서게(아저씨, 인사나 좀 하세요)."
"……."

"손님이 먼저 인사해도 인사도 안 받곡 어디 가줍센 해도 대답도 안 헹 시동부터 걸곡, 너무 허는 거 아니우꽈(손님이 먼저 인사해도 인사도 안 받고 어디 가달라고 해도 대답도 안 하고 시동부터 걸고, 너무 하는 거 아니에요)."

"나 성격이 원래 경헤마씸(내 성격이 원래 그래요)."

"운수업은 서비스업이라마씸. 성격대로 살젠허민 농사짓거나 괴기 잡거나 해사주(운수업은 서비스업이에요. 성격대로 살려고 하면 농사짓거나 어업을 해야지요)."

"뭐렌 골아수꽈. 돈 안 받아도 좋으난 내립써(뭐라고 말했어요? 돈 안 받아도 좋으니까 내리세요)."

"못 내리쿠다(못 내려요)."

이때부터 차는 운행이 난폭해진다. 생명의 위협을 느낄 정도다. 괜히 말을 꺼냈나 후회스럽지만, 앞으로 제주를 찾을 올레꾼을 생각하면 불친절 기사들에게 미리 교육을 시켜야 한다고 마음을 다잡는다. 올레꾼들은 온종일 걷는지라 렌터카는 무용지물. 결국 종착점에서는 택시나 시외버스를 이용할 수밖에 없다. 설혹 차를 끌고 온 올레꾼일지라도 시작점으로 돌아가려면 대중교통을 이용할 수밖에 없다.

"빙세기 웃기라도 해야 하는 거 아니우꽈"

올레길을 구상하면서 맨 먼저 우려한 건 대중교통수단 종사자의 불친절이었다. 가끔 친절한 기사분도 있지만, 대부분이 인사 생략은 기본, 뭘 물어봐도 퉁명스러운 대답이 돌아오거나 아예 묵비권 행사. 때로는 의도적으로 어필을 하기도 하고, 때로는 '앞으로 배낭 메고 택시 타는 육지 사람들한티 잘 대해줍서예' 살살 달래기도 했다. "걸러 오는 사람들이 택시 타쿠과? 절대 안 탑니다. 두고 봅써." 아, 정말 기운이 빠지고 걱정이 앞선다.

아니나 다를까. 올레꾼이 조금씩 늘어난 2008년부터 대중교통을 둘러싼 불평불만이 도청, 서귀포시청, 올레 사무국에 쏟아져 들어왔다. 1. 표선면 세화리에 데려다 달라고 두 번이나 강조했는데도 기어코 구좌면 세화리에 떡 하니 내려놓고 택시비만 받고 휑하니 가버렸다. 결국 민박집 주인장이 차로 삼십 분이나 걸려서 일행을 데리러 왔다. 2. 공항에서 택시를 탔는데 운전기사가 "어디 관광하실 거냐"고 묻기에 자랑스럽게 "올레길 걸으러 왔는데요"라고 대답했다. 그러자 운전기사 왈, "올레요? 아, 제주도는 다 올레길이우다. 여기서부터 걸읍서"라고 말하는 바람에 초장부터 기분을 확 잡쳤다(썰렁한 유머였을까?^^;). 3. 시외버스를 탔는데 다음 정류장 안내 멘트가 나오지 않기에 혹 정류장 놓치게 될까봐 조심스레 '쇠소깍이 멀었냐'고 물었다. 운전기사는 "뒤에강 이십서(뒤에 가서 있으세요)" 딱 잘랐다. 물어본 건 대답도 안 해주고 T.T. 대충 이런 식이었다.

제주 출신인 나도 기막힐 때가 많은데, 육지에서 내려온 올레꾼들은 얼마나 황당할까. 민박집 주인들은 초장부터 맘이 상한 올레꾼들 달래느라 진땀을 뺀다며 하소연했다. 마을 사람들은 일부러 차를 세워 올레꾼을 태워준다는데, 정작 서비스가 생명인 운수업체 종사자들은 불친절이 하늘을 찌른다. 이러고서야 무슨 국제자유도시며, 동북아 중심도시며, 환경 수도며, 행복 도시 운운한단 말인가.

2009년 3월, 제주도청 관계자를 만난 자리에서 나는 이런 사례를 낱낱이 들어가면서 운수업체 종사자에 대한 '특별한 교육'이 필요하다고 역설했다. 섬사람의 기질상 사근사근 응대하기가 정 쑥스럽다면 '빙세기(빙긋이)' 웃기라도 해야 하지 않느냐면서. 그 관계자는 무릎을 탁 쳤다. "친절, 바가지 근절, 고비용 거품 빼기를 계속 강조하는데도 아직도 그렇군요. 좋수다. 빙세기 프로그램 한번 해봅주."

이후 마을을 순회하면서 몇 차례에 걸쳐 '빙세기 친절 교육'을 진행했다. 특강할 때마다 맞아죽을 각오로 현실을 꼬집었다. "제주도 기사분들은 불친절 올림픽에 나가면 금메달은 몰라도 은메달 정도는 받을 겁니다."

"제주 기사분들 킹 왕 짱이에요" 이럴 수가!

시간이 흐르면서 기적 같은 일이 일어나기 시작했다. 제주올레 홈페이지에 시외버스와 택시 기사의 친절에 감사하는 글들이 점점 늘었다. 밤늦은 시각 정류장을 착각해 잘못 내린 올레꾼을 위해 동회선 시외버스 운전기사끼리 연락을 주고받은 끝에 정류장 멀리 떨어진 곳에서 발견해 태워주는 걸 목격하고 감동을 받았다는 글도 올라왔다. 심지어 "해외여행을 많이 다녀본 제 경험에 비추어봐도 제주 기사분들의 친절은 정말 킹 왕 짱이에요"라는 칭찬까지 등장했다. "제주사람이 제주에 대해 잘 몰라서 부끄럽더라"면서 비번날마다 올레 코스를 답사하는 기사들을 길에서 마주치기도 했다.

어떻게 이런 변화가 일어난 걸까. 명색이 퇴기(퇴역기자)인 나는 '그것이 알고 싶다'는 충동을 느꼈다. 대중교통을 이용할 때마다 기사들을 상대로 심층 면접 취재(!)했다. 다음은 그중 대표적인 사례 몇 가지(취재는 제주어로 진행됐으나 편의상 표준말로 옮김).

시외버스 기사 A씨 "낮에는 가는귀 먹고 고집만 센 할망이나 몇 명 태우고, 등하교 시간에는 귀가 따갑게 떠들어대면서 말 안 듣는 학생들만 태우는 게 시외버스 아닙니까. 제주도 절반을 왕복하다 보니 운행시간은 대여섯 시간이 넘고, 손님은 갈수록 줄고. 그런데 언제부터

ⓒ김진석

인가 배낭 멘 젊은 여자들이 버스를 많이 타더라고요. 그게 올레꾼이라는 건 나중에야 알았죠. 생글생글 웃으면서 길을 묻고 정류장에 잘 내려달라고 부탁하는데, 저도 사람인데 말이 곱게 나가더라고요."(미인계가 제주 남자의 마음을 녹인 게다. ^^)

택시기사 B씨 "아, 관광 온 손님들이 제주도는 물가가 너무 비싸다, 더이상 볼 게 없다, 음식이 맛없다, 불평만 늘어놓는데 어떻게 친절해집니까. 근데 올레꾼들은 정반대예요. 아저씨 이렇게 좋은 곳에 살아서 참 행복하겠어요, 이런단 말이에요. 기분이 으쓱해지고 제주에 대해 하나라도 더 말해주고 싶어져요."(나도 반성한다. 계몽 차원에서 기사들이랑 너무 자주 싸운 것을.)

택시기사 C씨 "도민들은 집집마다 자가용이고, 관광객은 으레 렌터카를 빌리고, 예전처럼 택시관광하는 사람도 없고, 한마디로 죽을 맛이었죠. 성수기엔 잠깐 반짝하지만 비수기엔 완전 공쳐요. 이 짓 그만둘라고 마음먹었는데 올레꾼이 쏠쏠하게 타주니까 계속 할라고요."(곳간에서 인심 난다는 옛말이 맞다. 손님이 많아지니까 의욕도 쑥쑥. ^^)

개인에 이어 회사도 움직이기 시작했다. 2009년 여름, 제주도 시외버스협동조합은 도청 관계자, 올레 사무국과 만난 자리에서 올레꾼을 위한 다양한 서비스를 적극 검토하겠다고 약속했다. 그 뒤 몇 차례 실무접촉을 통해 올레 코스에 맞추어 버스정류장을 신설하거나(예, 광치기 해안) 조정하고, 올레꾼을 위한 시간표(제주도 시외버스 시간표는 난수표 같아서 해독하기가 힘들다)를 제작해 정류소에 붙이고, 다음 행선지 안내방송도 도입하기로 했다. 공항 리무진 버스를 운행하는 '삼영교통'에서도 올레꾼이 많이 타고 내리는 대포동, 약천사, 풍림콘도 앞에 정류장을 새로이 신설했다. 얼마 전 발표를 보니 2009년 제주도 대중교통 이용률이 사백 퍼센트나 늘었단다.

책을 쓰느라고 방구석에 틀어박혀 있던 2010년 5월의 어느 날, 핸드폰에 문자메시지가 떴다. "저희 서귀포택시, 올레 6코스 환경미화 작업을 무사히 끝냈습니다. 오늘 저희가 수거한 쓰레기는 네 포대였습니다. 즐거웠습니다." ㈜서귀포택시호출에서 올레에 감사하는 뜻에서 월 1회 올레길 청소를 하겠노라고 자원했는데 그날이 '클린 올레' 날이었나보다.

속마음은 지극히 순박하고 정이 많지만, 그런 마음을 드러내기조차 쑥스러워하는 우직한 섬 사내들. 그들의 마음을 열어젖힌 건 관공서도, 회사도, 올레 사무국도 아니다. 그들과 진심으로 소통한 올레꾼들이다. 올레길을 걸으면서 행복해진 여행자들이 제주의 운전기사에게 '올레 바이러스'를 퍼트린 것이다.

그 여자, 순심이

　　　　　　순심이를 생각하면 그 어머니부터 떠오른다. 서귀포 매일시장의 아침은 자식들에게 퍼붓는 순심이 어멍의 푸짐하고 걸쭉한 욕지거리로 시작되었다. 원단 제주어로 구사하는 그녀의 욕은 조정래 선생의 『태백산맥』에 나오는 전라도 욕의 제주 버전이라고나 할까. 어디서 그런 욕을 다 배웠을까 궁금할 정도로 레퍼토리가 무궁무진하고 표현이 적나라했다.
　　　　　서른아홉에 홀어멍(과부)이 된 그녀에게는 아들 셋, 딸 하나가 딸려 있었다. 척박한 섬 제주에서 밭 한 떼기 물려받지 못한 홀어멍이 다라이 생선장수를 해가면서 자식 넷을 길러야 했으니, 신산함과 고달픔이 오죽했으랴. 그 여자의 욕은 그 여자의 눈물이었을 터. 생전의 그녀와 엇비슷한 나이가 되어가면서 뒤늦게 찾아온 깨달음이다.

5학년으로 막 올라가서 신학기 분위기로 어수선하던 4월 초, 4학년생인 순심이가 찾아왔다. "나 학급 대표로 반공 웅변대회 나가게 된마씸. 언니가 글 잘 쓰난 원고 한번만 써줍서. 언니 시키는 양 뭐든지 다 허쿠다."
　　친하지도 않은 이웃집 후배가, 써보지도 않은 웅변 원고를 부탁하는지라 내키지 않았다. "너네 담임한테 부탁허라게." "너무 바빠부난 못 해준댄마씸."
　　학급 대표로 내보내면서 원고도 안 써준다고? 웅변학원에 다닐 형편도 못 되는 아이인데? 갑자기 분노가 솟구쳤다. 그 무렵 학교에는 잘사는 집, 빽 있는 집 아이들을 누구 누구 선생님이 편애한다는 소문이 파다했다. 한번 써보겠노라 그만 고개를 끄덕이고 말았고, 어찌어찌 원고를 작성해서 기뻐 날뛰는 순심이에게 들려 보냈다.
　　어머니의 우렁찬 목소리와 활달한 기상을 물려받은 것일까. 순심이는 웅변에 특별한 끼를 발휘했다. 내가 써준 원고로 전교에서 1등을 하더니, 전도에서, 급기야는 전국에서 대상을 받아냈다. 순심이는 '까불래기(까부는 애)'에서 '웅변 잘하는 애'로 통하게 되었다. 그 후 출전하는 전국대회마다 번번이 1등상을 휩쓸면서, 고등학교 진학은 꿈도 못 꿀 형편이었던 그녀는 웅변 특기생으로 전액 학비 면제를 받아 제주에서 손꼽히는 명문여고에 진학했다.

명랑소녀 순심이의 이중생활

그런데 순심이가 고등학교에 진학한 지 얼마 되지 않아서 순심이 어멍이 중풍으로 쓰러지고 말았다. 등이 휠 것 같은 삶의 무게에 짓눌린 것일까. 가장 노릇을 씩씩하게 해치우던 그녀가 대소변은 물론 밥을 떠먹는 것조차 자식들의 도움을 받아야 하는 처지가 되고 말았다. 주말이면 서귀포 집으로 돌아와서 어머니를 간병하면서도 학교에서는 예능을 주도하는 명랑소녀여서, 순심이의 고달픈 이중생활을 아무도 눈치채지 못했다.

고등학교를 졸업한 뒤 순심이는 서귀포 모 관광농원의 판매원으로 취직했다. 당시 서귀포는 단체관광과 신혼관광의 일번지였고, D농원은 관광특수를 톡톡히 누리던 도내 최대 규모의 관광농원이었다. 특유의 말발, 세련된 외모, 탁월한 임기응변으로 순심이는 단연 최고의 판매원으로 자리매김했다. 40만 원의 월급은 그녀의 실적에 견주어 턱없이 적었지만, 질긴 가난에 시달리던 그녀에게는 꽤나 목돈이었다. 대학교 방학을 맞아 고향에 내려온 내게 그녀는 말했다.

"언니, 나 월급 받으면 그날로 39만 5천 원은 정기예금에 넣고, 5천 원으로 생활햄수다. 친구들은 그추룩 벌엉 다 뭐에 썽 그추룩 궁상떨엄시냰 허주만, 우리 어멍 늙으민 누가 병원비영 다 당험니까?(언니, 나 월급 받으면 그날로 39만 5천 원은 정기예금에 넣고, 5천 원으로 생활해요.

친구들은 그렇게 벌어서 다 뭐에 쓰고 그렇게 궁상떠느냐고 하지만, 우리 엄마 늙으면 누가 병원비랑 다 댑니까?)"

훤칠한 키에 예쁘장한 외모의 그녀를 따르는 남자들은 많았지만, 집안 형편을 남들에게 털어놓기 싫은 '자존심녀' 순심이는 요리조리 그들을 따돌렸다. 자기 삶을 구속하는 어멍이라는 존재에 진저리가 나서 서울로 도망쳤다가도, 그 어멍이 어두운 방 안에서 혼자 무력하게 누워 있을 생각에 생지옥 같은 집으로 되돌아오기를 여러 차례. 꽃다운 이삼십대가 그렇듯 속절없이 흘러갔다. 순심이 어멍은 세상을 뜨기 직전에 딸에게 말했단다.

"이제랑 네 모심껏 살아보라(이제부터는 네 마음껏 살아봐라)."

축의금 도둑맞고 빌려준 돈 떼이고

어멍을 떠나보내고서야 순심이는 한 남자를 만나 결혼했다. 그러나 불운은 질기게도 따라붙었다. 순심이의 결혼식은 제주시 최고급 호텔에서 화려하게 치러졌고, 하객들로 넘쳐났다. 5천 원으로 한 달을 살면서도 주변 사람들의 경조사만큼은 가불을 해서라도 꼬박꼬박 챙긴 그녀였다. 일가친척 없는 그녀에겐 앞날을 대비한 보험금이었으니, 결혼식은 순심이의 '수금날'인 셈이었다.

결혼 당일 비행기 결항으로 육지로 떠나지 못한 부부는 순심이가 악착같이 벌어서 사놓은 서귀포 시내 아파트에서 신방을 차렸고, 순심이는 하객들의 축의금을 봉투째 고스란히 라면상자 두 개에 담아서 화장실 입구에 숨겨두었다. 그리고 다음날 육지로 일주일의 신혼여행을 떠났다.

돌아온 순심이는 아파트 열쇠가 헛돌자 가슴이 철렁했다. 부랴부랴 화장실로 들어가보니 축의금을 넣어둔 상자가 흔적도 없었다. 이십여 년 만에 한몫에 타낸 보험금이 순식간에 증발하고 만 것이다. 그녀는 그 자리에서 혼절하고 말았다.

축의금을 어디에 간수했는지를 알 만한 사람은 딱 두 명. 둘 다 친한 사이였다. 그들에 대한 끝없는 의심과 원망 때문에 순심이는 달콤한 신혼을 악몽처럼 지냈다. 친구도, 돈도, 알콩달콩 사랑을 가꿀 기회도 한꺼번에 잃어버린 것이다.

순심이의 불운은 여기서 끝나지 않았다. 몸과 마음을 겨우 추스르고 보험회사 영업사원으로 입사해 마침내 '보험여왕'으로 올라설 무렵, 한동네에서 자란 선배가 리조트 사업에 돈을 빌려주면 달러이자를 쳐주겠다고 제안했다. 사업으로 승승장구하던 선배인지라 의심 없이 빌려주었는데, 이후 선배의 사업이 꼬이기 시작했다. 빌려준 돈을 받으려면 선배의 사업을 정상화시켜야만 했다. 어렵사리 장만한 순심이의 아파트를 담보로 사업자금을 대출받은 선배는 육지로 날랐다.

도망친 선배를 찾으려고 서울로 올라온 순심이는 완전히 얼이 빠져 있었다. 늦게 낳아서 금쪽처럼 여기는 어린 딸을 놔두고 '서울역에서 김서방 찾는 격'으로 무작정 상경한 순심이. 그녀를 따라다니는 지긋지긋한 불운의 씨앗은 돈이었다. 돈 때문에 평생 시달려온 순심이를 돈으로부터 해방시키고 싶었다.

"언니, 나 올레 자원봉사허쿠다"

빚보증 때문에 월급의 절반을 압류당하는 탓에 얼굴에 수심이 가득한 순심이에게 억지로 올레 개장행사 사회를 떠맡겼다. 돈 때문에 황폐해진 순심이가 올레에서 순수한 동심을 되찾기를, 개장행사를 통해 그녀의 숨겨진 끼가 발휘되기를 바랐다.

고향의 올레길이 순심이의 찢기고 상처받은 가슴을 어루만져준 것일까. 자기 인생을 바꾼 첫 웅변대회 원고를 써준 언니 신세를 갚겠다면서 마지못해 걷기 행사에 참가하던 그녀가 점차 달라지기 시작했다. 어느 날, 길을 걷던 순심이가 말했다.

"언니, 참 이상허우다. 올레만 걸으면 걱정도 근심도 다 사라져부난. 어린 시절로 돌아가는 거 같애마씸. 이 길에서 삼동 따먹고, 고메기(고둥) 잡던 생각도 나고. 육지 사람들이 감탄하는 거 보민 내 일

ⓒ현대카드 제공(사진가 민희기)

처럼 뿌듯허곡요. 언니, 나 올레 코스에서 자원봉사허쿠다."

　　　　그럼, 좋구말구. 너처럼 친절하고 명랑한 올레지기가 전화 받아주고 길 안내 해주면 금상첨화지.

　　　　순심이는 고향 서귀포에서 가장 가까운 7-1코스 올레지기가 되었다. 옆에서 그녀가 전화 응대 하는 걸 들으면 천직이 따로 없다, 싶을 정도이다. 길을 낸 당사자인 나조차도 '뭐 저렇게 시시콜콜 묻는 거야' 싶은 전화도 인상 한 번 안 찡그리고, 언성 한 번 안 높이면서 시종일관 친절하게 안내하는 순심이.

　　　　2010년 여름부터 그녀는 자신의 소질을 최대한 살리는 자원봉사를 시작했다. 6코스 중반부에 위치한 올레 사무실 1층에서 기념품을 파는 일이다. 판매액의 일부를 수당으로 받는데, 보험사에 비해 수입이 훨씬 줄어들었다. 하지만 그녀는 온종일 지친 기색도 없이 종달새처럼 즐겁게 떠든다. 학교에서 갈고닦은 웅변 실력, 관광농원과 보험회사에서 쌓아올린 판매경험을 가치 있는 일에 쏟아붓게 돼서 행복하다는 순심이.

　　　　내 동생 순심아, 우리 길에서 행복을 찾자꾸나. 돈으로도 얻지 못한, 아니 더 멀어지기만 했던 행복을.

'왕뚜껑'
탐사대장

올레길을 처음 개척한 조폭 동생 동철이의 뒤를 이어, 막내 동성이가 탐사국을 맡았다. 누나의 구상을 듣자마자 '제주도의 역사를 바꾸는 일'이라고 흥분하면서 단박에 올레일에 뛰어든 동철이와 달리, 동성이는 개장행사 때나 삐죽 얼굴을 내비쳤다.

우리집 가정사를 돌이켜보면 동성이의 태도를 충분히 이해할 만했다. 그 애로서는 누나와 형이 벌이는 일이 썩 미덥지도, 탐탁치도 않으리라. 동성이는 집안의 막내이면서도 자기 멋대로 살아온 다른 가족들의 피해자이자 사실상의 소년 가장이었다.

동성이는 학창시절 비주류로 일관했던 누나나 형과는 달리 초등학교 내내 학급 반장을 도맡았다. 학과 성적도 우수했지만, 축구와 마라톤에도 발군이었다. 6학년 때 동성이는 주장으로 출전한 축구 시합에서 무려 세 골이나 넣었다. 마지막 골은 장신을 이용한 헤딩골이었다. 코치 선생이 "와, 해트트릭이다!" 소리 질렀다. 이상했다. 헤딩인데 왜 무식하게 해트라고 그러지? 한 시합에 세 골을 넣는 걸 '해트트릭'이라고 부른다는 걸 훗날 알게 되었다(무식한 건 나였다).

동성이가 중학교 3학년에 올라갈 무렵, 동철이는 '땅벌파' 두목으로 서귀포 일대를 휘저었고, 나는 제주시에서 고등학교를 다니고 있었다. 아버지는 낮에는 성실하기 그지없는 '서명숙 상회' 배달원이었지만, 어스름이 깔리기 시작하면 슬그머니 사라졌다. 함경도 무산 출신으로 혈혈단신 월남한 아버지는 알코올에 의지해 객지생활의 외로움을 달래곤 했다. 배달 자전거를 길거리에 세워놓고 부둣가에서 1호 광장까지 술집마다 순례를 다녔던 울 아버지.

집안의 남자 중 유일하게 믿을 만한 막내에게 어머니는 가게 문 닫는 일을 부탁했다. 학교 파하고 운동연습까지 마친 동성이는 사방이 깜깜해질 때까지 가게 앞에 내놓았던 된장, 간장, 고추장, 미원, 밀가루, 콩나물 따위를 일일이 들여놓고 철제 셔터문을 내려야만 했다(지금도 어머니는 그런 막내에게 한없는 미안함과 고마움을 표시한다).

교도소 두 군데서 한꺼번에 날아온 봉함엽서

제주시에 있는 고교에 진학하면서 동성이는 가게 일에서 해방되었지만, 가장 예민한 사춘기시절 형과 누나로 말미암아 호된 홍역을 치러야만 했다. 동성이가 고3으로 올라갈 무렵인 1979년 2월, 동철이가 폭력사건으로 제주교도소에, 두어 달 뒤에는 내가 학내시위로 성동구치소에 수감되었다. 동철이 일은 몰라도 내 일만큼은 동성이에게 숨기려고 가족들이 무진 애를 썼다. 그러나 전화기에서 들리는 엄마의 근심스러운 말투에서 이상한 낌새를 챈 동성이의 채근에 맘 약한 어머니는 사실을 털어놓고 말았다.

지금도 선명히 기억한다. 껑충한 키의 까까머리 고등학생이 검정 교복을 입고 민회실로 쭈빗쭈빗 들어서던 순간을. 서로가 무슨 말을 주고받았는지는 아무것도 기억나지 않는다. '이제 나가세요'라는 교도관의 말에 돌아서던 동성이의 뒷모습이 한없이 처량해 보였다는 것밖에는.

내가 고향으로 돌아온 뒤, 동성이는 그 시절의 아픈 기억을 들려주었다. "하숙집에 봉함엽서 두 통이 한꺼번에 배달된 적이 있는데, 우체부 아저씨가 엽서를 건네주면서 표정이 영 이상한 거라. 받아보니 성동구치소 서명숙, 제주교도소 서동철이었지. 대충 짐작이 가니 아저씨가 그런 표정을 지었던 거지. 니네 집 어지간히 콩가루 집안이구나, 하는."

동성이는 입시준비에 몰두해야 할 고3 때 방황을 거듭했고 성적이 확 떨어졌지만, 다행히 외국어대학 경제학과에 입학했다. 그러나 동성이의 수난은 여기에서 끝나지 않았다. 더 결정적인 고비에 형이 또다시 결정타를 날렸다. 대학을 졸업한 동성이가 제법 규모가 큰 증권회사에 합격해서 첫 출근을 앞둔 무렵, 동철이가 어마어마한 죄목(범죄단체구성죄)으로 구속된 것이다. 어머니가 극구 말리는데도 동성이는 형의 재판 뒷바라지를 위해 취업을 포기하고 고향으로 내려왔다. 반대파가 형을 집어넣기 위해 증인을 매수해서 사건을 조작했다고 판단한 동성이는 재판 과정에서 형의 누명을 벗겨야 한다고 주장했다.

서울 취직을 포기하고 내려온 동성이를 안타깝게 여긴 한 선배가 제주지역 모 언론사 공채에 응시하라고 강권했다. 그 언론사에서 노사분규가 장기간 벌어졌고, 결국엔 상당수 기자들이 그곳을 떠나 새 매체를 창간하는 사태가 벌어진 직후였다. 회사 측은 기자들의 공백을 메우기 위해 대대적인 채용 공고를 내보냈다. 썩 내키지 않아 하던 동성이는 워낙 고학력자가 갈 만한 직장이 드문 제주인데다 선배들의 등쌀에 못 이겨 시험에 응시했다. 알아보니 필기시험 성적이 2등이라면서 '합격은 따논 당상'이라는 귀띔을 받았다. 그러나 정작 스무 명 넘는 합격자 명단에 동성이의 이름은 빠져 있었다.

대책 없이 저지른 누나의 뒷설거지 도맡아

최근까지도 우리 가족들은 형의 조폭 이미지 때문에 동생에게 '연좌제'가 적용된 것으로 믿고 있었다. 그러나 동성이의 증언은 예상을 완전히 뒤엎었다. "형 때문이 아니라 순전히 누나 때문이우다. 다른 사람은 면접 시간이 이삼 분, 길어야 오 분인데, 유독 나한테만 삼십 분 넘게 질문 공세가 쏟아져수다. 형 이야기는 나오는 둥 마는 둥했고, 면접관들이 누나 이야기만 물어봅디다. 누나가 〈시사저널〉에 근무하는 거 맞냐. 누나가 우리 회사에 대해 뭐라고 말하더냐. 떨어지겠구나, 면접장에서 딱 예감이 들던데."

당시 근무하던 〈시사저널〉에서 그 언론사의 노사분규를 두어 번 상세하게 보도한 기억이 되살아났다. 아뿔싸, 그랬구나. 미디어 문제에 유난히 관심이 많은 동료 기자가 비판적으로 보도한 것을, 제주 출신인 내가 사주한 것으로 오해했던 모양이다. 동성이의 꼬여버린 인생행로가 가슴 아팠다. 누나도, 형도 막내에게 도움은 못 될지언정 늘 장애물이 되고 말았으니.

그 일을 끝으로 취업을 아예 포기한 동성이는 그닥 적성에도 안 맞는 사업에 뛰어들었다. 횟집, 청소용역업체, 일식집. 벌이는 일마다 번번이 실패한 동성이는 끝내 빈털터리에 빚만 떠안은 채, 로또 한 방을 노리는 무력한 가장으로 전락하고 말았다.

올레 코스가 점점 늘어나고 올레꾼이 급증하면서, 사무국에는 일손이 절실히 필요했다. 월급쟁이 직원을 채용할 형편이 못 되니, 무보수가 가능한 가족을 착취하는 수밖에. 더군다나 동성이는 인생 역전을 꿈꾸면서 세월을 낚는 강태공 신세 아니던가.

급한 일이 생길 때마다 동성이에게 뒷감당을 부탁했다. 책임감 강하고 성실하고 대인관계 원만한 동성이는 모든 일을 신속하고 깔끔하게 처리했다. 아버지가 길가에 내팽개친 자전거를 끌어오고, 가게 앞에 내놓은 물건을 하나하나 들여놓듯이. 일이천 명이 참가하는 대규모 올레 개장행사부터 소규모이지만 며칠 동안의 숙식까지 세심하게 챙겨야 하는 방학올레까지, 수십 차례의 야외행사를 사고 하나 없이 무사히 치러낸 건 순전히 동성이 덕분이었다.

ⓒ현대카드 제공(사진가 민희기)

눈 좋고 발 빠르고 성실하니, 탐사일이 제격이네

　　동성이의 강점은 탐사에서 더욱 빛났다. 첫 탐사대장인 동철이가 탐사일에서 손을 떼고 내가 책을 집필하게 되면서, 동성이가 엉겁결에 탐사일을 떠맡게 되었다. 톱가수 대신 무대에 선 무명가수가 히트를 치듯, 동성이는 형의 빈자리를 기대 이상으로 훌륭하게 메웠다. 어릴 적부터 반장, 축구부 주장으로 리더십을 발휘해온 동성이 주변에는 따르는 친구와 후배들이 많았다. 그들이 가세하면서 탐사대원은 점점 늘어 일곱 명으로 불어났다.

　　탐사에 동행해본 이들은 누구나 동성이의 맹활약에 입을 딱 벌린다. 축구선수 시절 공격수 출신답게 발이 엄청 빠르고, 여진족 후예답게 눈이 밝아 천 리를 내다보고, 한 번 간 길은 귀신같이 기억해내고, 마라톤선수답게 온종일 싸돌아다녀도 지칠 줄 모른다. 타고난 탐사국장이라고나 할까. 뒤늦게야 천직을 만난 것이다.

　　길에 관한 한 동성이는 고지식한 원칙주의자다. 마을에서 민원을 넣고 읍소해도 올레다운 길이 아니면 절대로 수용하지 않는다. 새로이 길을 낼 때에는 아무리 힘들어도 기계를 쓰지 않는 맨손 노동의 원칙을 고수하고, 그 지역의 천연소재로만 보수공사를 하고, 폭 1미터 이내의 길을 고집한다. 못 말리는 애연가이지만 휴대용 재떨이를 들고 다니면서 담배꽁초 하나 버리지 않는다. 생태와 환경에 별반 관심이 없는, 홈런 한 방을 노리는 개발주의자에 가까웠던 동성이는 길과 만나면서 백팔십도 사람이 달라졌다.

낮에는 잠시도 쉬지 않고 탐사일을 하고, 노가다가 끝나면 대원들과 어울려 술을 마시면서도 동성이는 종종 한밤중에 올레 홈페이지에 탐사 뒷이야기를 올린다. 뚜껑 열린 탐사국장, 열 받은 탐사국장, 감상에 젖는 탐사국장, 묵언수행 중인 탐사국장 등의 닉네임으로. 덩치에 어울리지 않게 섬세하고 유머러스한 탐사국장의 글에 반한 올레꾼들은 말한다. 탐사국장이 책을 펴내면 누나 책보다 더 팔릴 것 같다고.

요즈음 나는 가끔 운명을 떠올린다. 만일 그때 동성이가 언론사에 무난히 입사했더라면, 그 뒤 벌인 사업에서 성공했더라면, 누나가 벌인 이 미친 짓을 거들 수 있었을까. 십중팔구, 아니었을 것이다. 동성이가 입사시험에 떨어진 것도 제 운수요, 누나가 벌인 일을 뒷감당하는 것도 제 팔자가 아닐는지. 어찌 되었건, 명탐사국장을 거느리게 된 내 운수가 대통이고 내 팔자가 늘어진 것만은 사실이다.

ⓒ김진석

동급최강
천하무적
7인의
올레 탐사대

서동성 올레 탐사국장은 '세계 최강'의 7인의 탐사대원을 이끌고 있다. 그들은 길게는 이 년, 짧게는 일 년 넘는 시간을 길 위에서 보냈다. 직업도, 걸어온 길도, 성격도 제각각인 그들에겐 한 가지 공통점이 있다. 말보다는 실행이 앞서는 뚝심의 제주 사내라는 것.

7인의 탐사대는 가시덤불을 헤치면서, 말벌의 공격에 시달리면서, 길 없는 길을 찾아내고 잊혀진 길을 불러낸다. 깎아지른 듯한 가파른 기정(절벽)도, 자칫 하다간 미아가 되기 십상인 곶자왈도 그들에게는 장애물이 되지 않는다. 새로운 코스를 낼 때마다 가까운 마을에서 합숙을 하면서 수십 번의 전진과 후퇴 끝에 길을 찾아낸다. 하지만 길 찾기는 시작일 뿐.

전진할 수 없는 구간에 뗏목이나 징검다리를 놓고, 울퉁불퉁한 돌멩이를 평평하게 고르고, 토사가 쓸려나가지 않게 잔디로 뗏장을 입히고, 말과 소떼가 도망가지 못하도록 목장문을 해달아야 비로소 하나의 길이 완성된다.

새로운 코스 개척만이 아니다. 이미 개장된 코스에서 통행을 허락했던 사유지 주인이 마음을 바꾸거나 아스팔트 확장 공사가 벌어지면 새로운 루트를 찾아내야만 한다. 이들의 수고로운 손과 발, 굵은 땀방울이 아니었더라면, 당신이 오늘 걷는 올레길은 없었을 터. 올레길에서 평화롭고 행복했다면 이들에게 감사할 일이다.

올레길의 날다람쥐, 김홍석 대원

그는 본디 산을 사랑한 산사나이였다. 제주의 전통 명문고 오현고 출신으로 구성된 '현학회' 회원이자 한라산 산악회 5기 회장이다. 2008년 봄, 그가 오현고 동문 몇몇과 올레 개장행사에 참석한 건 순전히 호기심 때문이었다.

산에서 잔뼈가 굵은 산악인들답게 그들은 행사가 시작되자마자 발 빠르게 앞으로 치고 나갔다. 그들의 스피드에 다른 올레꾼들마저 덩달아 속도를 내기 시작했다. 나는 소리쳐 그들 일행을 제지했다.

"올레에서는 간세다리로 걷는 거 모르세요? 좀 천천히 걸으세요."

일행 중 한 사람이 공손히 대답했다. "저희는 오현고 산악회 멤버들인데요, 워낙 빨리 치고 올라가는 게 몸에 배어서 천천히 걷기가 더 힘드네요."

결국 그 팀은 빨리 걷되 많이 쉬는 것으로 다른 올레꾼과 속도를 맞추었다. 도중에 라면도 끓여 먹고 막걸리도 한잔씩 하는 그들에게 '주당파'라는 별명을 붙여주었다.

그날 이후 현학회 일행은 개장행사마다 꼬박꼬박 참석하는 열성 올레꾼이 되었는데, 그중에서도 홍석씨는 중증 올레중독자가 되고 말았다. 산악회장이 한라산보다 올레길을 더 좋아한다고 산악회에서 제명시키겠다는 협박(?)을 받을 만큼.

제주시가 고향인 홍석씨는 한라산 남쪽으로만 나 있는 올레길이 북쪽으로 올라오게 되면 자기도 탐사를 거들겠노라고 자원했다. 실제로 그는 그 약속을 충실히 지켜 1-1코스(우도 올레) 개척 때부터 탐사대에 참가했고, 북쪽에 새로운 코스가 열릴 때마다 가장 멋진 길을 찾아내곤 했다. 산에서 단련된 날랜 몸과 날카로운 눈썰미를 올레에서 십분 발휘해서, 일명 날다람쥐.

올레 보수반장, 김인석 대원

제주대학 원예과를 졸업한 그는 한때 원양어선을 탔을 정도로 안 해본 일이 없다. 딸과 아들을 키우는 외기러기 아빠인데, 묵직하고 과묵한 제주 사내지만 '글짓기 잘하는 효녀딸' 이야기가 나오면 갑자기 웃음도, 말도 헤퍼진다. 탐사에 뛰어든 계기도 '딸내미가 쓴 글을 기자 출신 너희 누나가 좀 봐달라'고 선배 동성이에게 부탁하면서였다. 딸내미 글 봐주는 대신 올레일을 짬짬이 거들어달라고 역제안을 했더니, 그 뒤부터 물불을 안 가렸다.

인석이는 손만 대면 뭐든 척척 고치는 재주 덕분에 '보수반장'이라는 직함을 얻었다. 일은 킹 왕 짱이지만 열도 잘 받는 탐사국장에게, 바른 말을 가장 많이 하고 자주 충돌하는 꼴통 대원이다. 그럴 때마다 인석이는 탐사국장에게 대든단다. "나, 국장님 봥 이 일 허지 안 햄수다. 난 이사장님한테 평생 충성허쿠다(나 국장님 봐서 이 일 하지 않아요. 난 이사장님한테 평생 충성할 겁니다)."

크하하. 충성이라니? 내가 무슨 조폭이람? 나는 안다. 인석이의 충성 대상은 사랑하는 딸이라는 걸. 딸 때문에 내게도, 올레에도 충성한다는 걸.

육지 사람이 맡겨둔 농장을 관리하는 틈틈이 올레길을 보수하고, 새로운 길 개척할 때에는 웬만해선 빠지지 않는 인석이는 가끔

ⓒ현대카드 제공(사진가 민희기)

툴툴거린다. 보수반장이라는 직함이 맘에 안 드니 관리팀장으로 바꿔 달란다. 어차피 월급도 없는데 그게 그거지 뭐.

올레 제작소장, 고희경 대원

희경이는 '신의 직장'으로 불리는 한국전력 제주지부에 오랫동안 근무한 한전맨. 2009년 봄, 아버지와 마을 공동목장 조합원들이 공동으로 소유한 곶자왈 땅이 영어교육도시 부지로 편입되어 보상을 받는 과정에서 발 빠른 사람들의 농간으로 지분이 적게 책정되었음을 알게 되었다. 부당하게 빼앗긴 땅의 지분을 되찾으려면 법정 소송을 해야만 했고, 소송 비용을 마련하기 위해 희경이는 명퇴 신청을 했다. 예상보다 법정 싸움은 어렵게 풀려나갔고, 시간만 속절없이 흘러갔다. 그래서 뛰어든 일이 비닐하우스 키위 농사. 농장일 때문에 탐사대원 김인석과 알게 되었고, 인석이를 통해 올레 탐사에 가담하게 되었다.

그의 농장에는 만물상회를 방불케 할 만큼, 미니 포클레인에서 용접 기구까지 어지간한 공구는 다 갖춰져 있다. 자연히 희경이의 키위 농장은 올레길 개척과 정비에 필요한 시설물을 제작하는 공작소를 겸한다. 다만 그 장비들이 한결같이 '2% 부족한' 것들이라서 사용하다가 웃지 못할 촌극이 종종 벌어진단다.

그런 희경이가 회심작을 세상에 선보였다. 14-1 곶자왈 코스의 파란색 목장문이 바로 그 작품이다. 개장행사 때 올레 이정표인 조랑말 '간세'를 응용한 파란색 목장문을 보고선 깜짝 놀랐다. 소나 말을 방목하는 마을 공동목장을 지나려면 사람만 빠져나가고 짐승들은 못 나가도록 문단속을 잘 해야만 하기에, 지난 삼 년간 일자형 철문, S자형으로 돌아나가는 철문, U자형 나무문 등 다양한 실험을 해봤지만 어느 것도 썩 탐탁하지 않았다. 탄탄하면 디자인이 너무 투박했고, 디자인이 예쁘면 실효성이 떨어지는 식이었다.

그러나 '간세 목장문'은 모든 결점을 극복한, 최고의 작품이었다. 우선 사이즈가 아담해서 풍경과 조화를 이루면서도, 조랑말 간세를 응용한 디자인이라 앙증맞게 깜찍한데다, 놔두기만 해도 절로 닫히므로 아주 기능적이었다. 누구 작품이냐고 물어봤더니, 희경이가 농장에 굴러다니는 폐파이프로 뚝딱뚝딱 만들었단다. 대박이다! 예쁘고 기능적인데 돈도 따로 안 들었다니. 올레꾼들이 목장문 앞에서 앞다투어 기념촬영을 하는 광경을 희경이는 눈꼬리에 주름을 잡으면서 흐뭇하게 지켜보았다. 코끼리 같은 몸집과는 영 딴판으로.

돌 만지기의 달인, 고혁준 대원

서동성 탐사국장의 서귀포초등학교 동창. 서국장은 육 년 내리 반장을 한 탓에 떠밀리다시피 같은 기수 동창회장을 떠맡았는데, 혁준이는 그를 보좌하는 동창회 총무다. 탐사하느라 길에서 사는 회장과 접선하려다 보니, 저도 모르게 탐사대원의 일원이 되고 만 케이스다.

아버지를 일찍 여읜 혁준이는 어린 나이에 사회에 진출해 이것저것 안 해본 일이 없다. 가장 최근의 직업은 작은 토목회사의 책임자(올레 탐사에 매우 좋은 스펙이다!^^). 회사에 일감이 없을 때에만 틈틈이 올레 탐사를 거들다가, 지난해 말부터 불경기로 일감이 뚝 끊기면서 상근 자봉(자원봉사)으로 격상(?)했다.

동창회 총무답게 성격이 무척 꼼꼼해서, 바닷가에 돌길을 내거나 곶자왈에 돌계단을 내는 데는 가히 달인의 경지다. 그대, 14-1코스 저지 곶자왈을 지나면서 조그마한 돌멩이를 가지런히 늘어놓은 올레 화살표를 혹 보았는지? 혁준이가 지친 그대에게 위로 삼아 만들어 놓은 것이다.

길을 내기에만도 힘에 부치는 곶자왈 구간에서 웬 힘이 남아 돌기에 이런 장난을 다 쳤느냐, 탐사국장에게 물었다. "비는 닷새째 계속 쏟아붓지, 개장일은 하루하루 다가오지, 대원들은 파김치에 곤죽이 됐지. 그래, 피할 수 없다면 차라리 즐기자. 돌멩이로 화살표도 그리고,

화단도 만들고, 쉼터도 만들면서요. 힘든 순간을 견디려면 장난꾸러기가 되지요." 아핫, 우문에 현답이었다.

올레길의 수호천사, 송수호 대원

서귀포에서 손꼽히는 땅부자 집안의 둘째아들로, 서국장의 중학교 후배다. 전형적인 한량으로 유유자적 살다가, 사람 좋은 그의 형이 그 많은 재산을 흔적도 없이 날리는 바람에 울며 겨자 먹기로 직장생활을 시작했다. 대형 주류 도매업체에서 초고속 승진을 거듭해 책임자로 일하던 중에 서국장의 꾐에 빠져서 직장을 잃고 말았다.

2008년 가을, 서귀포중학교 축구부 후원회를 결성한 서국장은 전국 경기에 나가는 선수들을 태울 선수단 버스기사를 찾지 못해 끙끙거리다가 대형 운전면허가 있는 수호를 떠올렸다. 선배의 부탁을 받은 수호는 사장의 만류에도 불구하고 무단으로 결근, 육지로 나가고 말았다. 며칠 만에 돌아온 수호를 반갑게 기다린 건 해고 통지. 백수가 된 수호는 냉큼 올레일에 뛰어들었다. 꼼꼼하고 심성이 여린 수호는 추진력 강한 왕뚜껑 탐사국장과 천생연분, 찰떡궁합이다.

1코스에서 12코스까지 올레길 열두 개 코스는 서귀포시 동쪽에서 서쪽 끝까지 관통한다. 이는 주류 도매업체의 배달 구역과도 정확히 일치한다. 그리하여 답사 초기에만 해도 수호는 들르는 마을마다 왕년 거래처 사람들의 질문 공세에 시달렸다.

"전무님, 게난 무사 경 안 보여수광. 요새 뭐햄수광(전무님, 그러니까 왜 그렇게 안 보이셨어요? 요즘 뭐하세요?)"

"올레 햄쩌(올레 한다)!"

"올레가 뭐꽝(올레가 뭐예요)?"

"그런 거 있저(그런 게 있다)."

요즘에는 다들 제주올레를 아니까 그런 질문이 쏙 들어가긴 했지만.

제주도 한량답게 그는 탐사대에 뛰어들기 전만 해도 단 오 분도 걸어본 적이 없다. "한라산? 고생허멍 뭐 허렌 올라감시니?(한라산? 고생하면서 뭐 하러 올라가니?)"라며 소주 '한라산'을 비우는 서귀포 남자의 전형이었다. 운동 부족에 알코올 과다니 늘 비실비실할 밖에. 그런 그가 보기에도 듬직한 근육남으로 변신한 건 순전히 올레 덕분이다. 그대, 혹 올레길처럼 살짝 휘어진 화살표를 본 적 있는지? 직선보다 곡선이 올레스럽다는 탐사국장의 말에 수호가 그려넣기 시작한 '올레표' 화살표다. 걷기를 끔찍이도 싫어하던 수호는 화살표 그리는 맛에 걷기 시작했다.

말수가 적고 무뚝뚝하지만, 속마음은 다정하고 살가

ⓒ이해선

운 수호는 올레꾼에게도 말보다는 행동으로 표현한다. 2008년, 2009년 두 해에 걸친 방학올레 행사에서 수호는 '수호천사'로 통했다. 살갗을 파고드는 와랑와랑한 햇살 아래, 발이 푹푹 빠지는 백사장길을 걸어오느라 탈진한 올레꾼들은, 그가 말없이 건네주는 꽁꽁 얼린 삼다수가 생명수 같았더란다.

올레의 전설이 되어버린, 김수봉 대원

올레꾼 사이에 수봉이는 유명인사, 인기인이다. 설사 수봉이는 몰라도 '수봉로'는 다 안다. 수봉이는 올레꾼들에게 가장 높은 인기를 누리는 7코스의 명품길 수봉로를 낸 주인공이다. 염소들이 오르내리던 비탈진 기정에 삽과 곡괭이만으로 사람이 걸을 수 있는 길을 그는 만들어냈다. 수많은 신문, 방송에서 화제의 주인공인 수봉이를 인터뷰하고 싶어하는데도, 나서기 싫어하는 수줍은 수봉이는 고개를 외로 꼬면서 손사래를 친다.

두목 동철이에게 마지막까지 의리를 지킨 후배 수봉이는 조폭 출신답지 않게 섬세하고 조용한 성품이다. 선 굵은 토목공사부터 꼼꼼함이 필요한 올레 화살표 그리기까지, 못하는 일이 없는 '백공(만능)'이 바로 수봉이다. 정방향을 표시하는 파란색 페인트통, 역방향을 표시하는 오렌지색 페인트통을 겹쳐 들고서 정성스럽게 화살표를 그리는 수봉이는 '길 위의 예술가'다.

백공인 그에게도 한없이 서투른 일이 있으니, 다름 아닌 연애다. 마흔일곱 총각인 수봉이는 세계를 떠돌다가 서울에서 소문을 듣고 제주올레를 찾아든 스페인 여성 크리스티나에게 마음을 빼앗겨 한창 스페인어 공부에 열을 올리더니, 그녀가 집시처럼 홀연히 떠나는 바람에 마음의 상처만 입었다. 자포자기하고 지내다가 '오십 전에는 장가가야 한다'고 강권하는 지인으로부터 스물다섯 살의 필리핀 여성 미미(영어명)를 소개받았다. 두 사람은 나이와 국경의 장벽을 뛰어넘어 첫눈에 사랑에 빠지고 말았다.

없는 돈에 몇 차례나 필리핀을 오간 끝에 지난 6월 초순, 드디어 수봉이는 색시감을 데리고 제주도로 돌아왔다. 사무국에 찾아온 수봉이는 10월 초에 고향 함덕에서 결혼식을 올린다며, 내게 주례를 부탁했다. 주례라니? 이 완고하고 보수적인 제주에서 여자가? 펄쩍 뛰었지만 수봉이의 고집을 이겨낼 재간이 없었다. 게다가 수봉이는 올레 첫 탐사대원이자 첫 자봉이 아니던가.

이제 식구까지 생겼으니 신혼부부의 생계 문제를 걱정하지 않을 수 없다. 탐사대원으로는 밥 굶기 딱 좋으니, 올레 시장통에 자그맣게 '수봉이 김밥집'이나 차리라고 열심히 설득 중이다. 올레꾼에게도 수봉이에게도 서로 좋은 일이니까. 혹시 길을 걷다가 '수봉이' 라는 간판이 보이면 꼭 한번 들어가보시길. 올레길에 바친 그의 정성과 성실함에 비추어 그 품질만큼은 절대적으로 보장할 수 있다.

4차원 막내 대원, 송동훈 대원

13코스 개장행사 때의 일이다. 장차 제주도에 있는 모든 게스트하우스를 접수하겠다고 큰소리를 탕탕 치는 젊은 친구가 있더라고 뒤풀이자리에서 누군가가 말을 꺼냈다. 모두들 '웃기는 놈이군' 한마디씩 하는데, 말석에 앉은 잘생긴 청년이 "그놈이 전데요"라고 자수하는 통에 다들 뒤집어졌다. 모슬포에서 나고 자랐다는 송동훈이었다.

올레 사무실에 불쑥 나타나서 "뭐 제가 도울 일 없습니까" 고개를 들이밀더니, 개장행사 때마다 자원봉사를 자청하고, 급기야는 탐사일까지 끼어들었다. 나이 차가 많은 막내인지라 궂은일은 다 제 차지인데도 늘 싱글벙글이다. 성격이 좋은 건지, 생각이 없는 건지, 4차원인 건지 헷갈리게 만드는 친구다.

동훈이는 탐사가 없는 날에도 올레길에서 살다시피 한다. 지나가다 버스를 기다리는 올레꾼이 보이면 차를 태워주고, 가게가 없는 곳에선 물을 건네고, 물집이 잡혀 절뚝거리는 올레꾼에게 바늘과 실로 응급시술을 해준다. 언제 어디서나 나타나는 '송반장'인 셈이다. 그에게 물었다. 길에서 왜 그렇게 무한봉사를 하느냐고. "올레길에서 구원을 받았으니 고마워서 제가 할 수 있는 일로 되갚는 거죠."

길에서 공력을 쌓았으니, 훗날 게스트하우스도 잘 꾸려나갈 것 같다. 장담처럼 다 접수할지는 모르겠지만.

탐사대원을 일일이 호명하노라니 한 사람 한 사람이 참으로 감사하고 소중하다. 이들이 없었더라면 400킬로미터가 넘는 길을 삼 년 만에 어떻게 낼 수 있었을까. 그들의 소금기와 굳은살이 아니었더라면 그 많은 올레꾼이 어찌 안전사고 한 번 없이 이 평화로운 길을 즐길 수 있었을까.

그들은 뛰어난 식견을 가진 생태 전문가도, 경험 많은 환경운동가도 아니다. 거창한 대의명분이나 첨예한 사회의식으로 무장한 이들은 더더욱 아니다. 시절 인연이 올레를 만나게 했고 사람 인연으로 올레와 엮였을 뿐. 그러나 그들은 청정 제주의 자연과 생태를 지켜야 한다는 소명을 길 위에서 온몸으로 체득했다. 위대한 교사인 자연과 다정한 벗인 길로부터 '한 소식' 깨우친 것이다.

아름다운 길을 내는 것도, 의미 있는 삶을 살아가는 것도 머리로만 되는 게 아니다. 그걸 가능하게 만드는 건 고단한 발품, 순정한 땀방울이다. 7인의 올레 탐사대, 올레!

올레스토리 2

육지것
제주올레를 하영
사랑햄수다

ⓒ김진석

황홀한
중독,
올레병

　　　올레의 역사가 조금씩 쌓이면서 올레 여행에 관한 신조어들이 자연스레 생겨났다. 올레꾼, 올레 바이러스, 올레뽕, 올레 중독, 올레병, 올레 폐인, 올레 후유증, 올레 신드롬…….

'올레꾼'은, 건축가 김진애 선배의 제안으로 길 이름을 '제주올레'로 결정짓고 나서 이 길을 걷는 사람들을 지칭하기 위해 내가 작명했다. 산티아고 길을 걷는 '페레그리노(순례자)'나 시코쿠 길을 걷는 '오헨로'처럼 특별한 이름이 필요했다. 올레꾼은 시간이 흐르면서 완전히 정착되어, 언론 보도나 관청 서류에도 공식적으로 등장한다. 올봄 오랜만에 올레길을 걷는데, 성산읍 오조리의 시골 할망이 내게 "올레꾼이냐"고 물어왔다. "네!" 대답하면서 어찌나 므흣한지.

처음에는 반발도 없지 않았다. 특히 제주 지역사회 일각에서 '저급하고 상스러운 표현이다'라는 반응을 보였다. 노름꾼, 사기꾼 따위의 부정적인 직업이나 '꾼'을 붙인다는 사회적 통념 때문이었다. 사뭇 진지하게 '올레인'이라는 대안을 제시하는 이들도 있었다.

그때마다 공손하게 반론을 폈다. 좋은 의미의 '나무꾼', '일꾼', '살림꾼'도 있다고. '꾼'은 어떤 일을 전문으로 하는 사람을 지칭하는 접미사. '꾼' 자체에는 긍정, 부정의 가치 판단이 개입되지 않는다. 다만 그 일의 성격에 따라서 뉘앙스가 달라질 뿐.

올레꾼은 자신의 두 발로 올레 걷기를 즐기는 꾼들이다. 그들은 말로만 떠들거나 머리로만 꿈꾸지 않는다. 스스로의 결단으로 일상에서의 탈출을 감행한다. 자연을 즐기면서 대지를 향해 한 발 한 발 내딛는다. 몸으로 명상하는 아름다운 '꾼'들이 바로 올레꾼이다.

가장 치명적인, 그러나 아름다운 중독

올레길을 한 번이라도 걸어본 이들이라면 거의 예외 없이 치명적인 '올레 바이러스'에 감염되고 만다. 호롱호롱 호롱삐삣 지저귀는 새소리, 철썩 철썩 처얼썩 소리치는 파도소리를 들으면서, 목덜미를 간지럽히는 해풍을 맞으면서, 지중해 물빛보다 더 맑고 찬란한 바다빛깔을 감상하는 사이에 바이러스는 침투한다. 온몸의 세포와 근육과 실핏줄을 통해서.

올레 바이러스 감염자들에게 나타나는 증상은 '올레 중독'. 단언컨대 세상에서 가장 아름답고 긍정적인 중독이다(전문가들은 한번 연구해보시라^^). 모든 중독은 공통적인 세 가지 증세를 보인다. 첫째, 하면 행복감을 느낀다. 둘째, 못 하면 괴롭고 힘들다. 셋째, 갈수록 더 강한 자극을 원한다. 도박 중독, 알코올 중독, 니코틴 중독 같은 '부정적 중독'이나 명상, 달리기 같은 '긍정적 중독'이나 그 점에서는 매한가지. 다만 부정적 중독은 일상을 파괴하고 심신을 피폐하게 만들지만, 긍정적 중독은 일상을 풍요롭게 하고 심신을 고양시킨다는 점이 다를 뿐이다.

올레 중독은? 두말할 나위 없이 긍정적 중독에 속한다. 많은 올레꾼들이 체험한 바로는 일반적으로 나타나는 중독 증세와 더불어 올레 중독에는 몇몇 부수적인 증세가 뒤따른단다. 그들의 공통분모를

ⓒ강영호

추출하면 대개 다음과 같다(사람마다 증세가 조금씩 다르다^^).

- 파란색만 보면 괜히 반갑고, 따라가고 싶어진다(올레 화살표와 리본이 파란색이므로!).
- 수돗물이나 샤워기를 틀어놓고서 파도소리인 줄 착각한다.
- 여행 계획이 없으면서도 인터넷에서 제주행 비행기 시간과 표를 검색한다(다녀오자마자 다음 비행기표를 알아본다는 버전도 있다).
- 텔레비전 기상 뉴스가 나오면 내가 사는 곳보다 서귀포 날씨를 먼저 확인한다.
- 한두 마디 익힌 제주 사투리가 육지에서 자기도 모르게 튀어나온다(상대방 대략 난감?!).
- 텔레비전에 '올레 KT' 광고가 나오면 "올레!" 따라하게 된다(뭥미!).

올레 중증중독자 '올레 폐인'

치명적인 바이러스에 감염되면 치료법은 따로 없다. 다시 제주로 떠나거나, 제주보다 자극은 덜하지만 자기 집 주변의 올레길을 걷는 것뿐. 올레꾼들 사이에서 제법 알려진 중증중독자 네 사람을 소개한다.

중독자 A(양금식) 그를 만난 건 2009년 가을, 6코스 종점이자 7코스 시작점인 외돌개에서였다. 베레모에 기타를 둘러맨 그를 처음에는 음악인인 줄 알았다. 헌데, 알고 보니 건축가이자 경원대 겸임교수였다. 여행을 좋아해서 세계 웬만한 곳은 다 가봤다는 그는 본디 산티아고 길에 가고 싶었단다. 예행연습차 제주올레길을 걸으러 왔다가 그만 올레에 푹 빠져버리고 말았다. 그때까지 나 있던 열네 개 코스를 다 완주할 정도로.

양교수는 길을 가다가 좋은 풍광이 나타나면 길에서 즉흥 기타 연주를 했다. 아마추어 작곡가인 그는 제주의 풍광에서 떠오른 리듬과 멜로디에 제주어 가사를 입혀서 '올레송'을 작곡하고 싶다고 했다. '여행 중에야 무슨 꿈을 못 꾸랴.' 한 귀로 흘려 넘겼다. 그런데 제주 사람들에게 술과 밥을 사주면서 자문을 구해 '놀멍 쉬멍 쉬멍 놀멍 혼저 옵서예'로 시작하는 노랫말을 완성해냈다. 그리고 본격적인 음반 취입을 위해 주변의 쟁쟁한 프로들을 꼬셔서 제주올레길로 데려왔다.

반주음악을 맡기로 한 음반기획사 '리노'의 대표 박병기가 양교수 못지않게 급속하게 올레길에 중독 증세를 보였다. 길에서 강력한 치유의 힘을 느꼈단다. 업계에서는 꽤 알려진 드러머인 그는 대평리 해녀들의 '허벅 장단 두드리는 소리'에 반해서 허벅 장단을 반주에 넣기로 했다.

그럼 가수는? '올레송'의 취지를 살리려면 올레꾼들이 직접 불러야 한다는 게 양교수의 생각이었다. 내려올 때마다 머무는 '민중각'의 올레꾼과 제주에 사는 올레지기, 올레 사무국 관계자들을 총동원해 2009년 12월 민중각 옥상에서 '올레송'을 취입했다.

12월 26일 14코스 개장행사 때 양교수는 박병기를 비롯한 5인조 밴드와 '올레송'을 첫 발표했고, 그 자리에서 자비를 들여 제작한 '올레송' CD 이천 장을 (사)제주올레에 기증했다. 이 음반은 그 취지를 살려 (사)제주올레 사무국이 올레 기념품을 구입한 올레꾼에게 무료로 나눠주고 있다.

올레길에서 가끔씩 마주치는 양교수는 늘 싱글벙글이다. 산티아고 길에는 언제 갈 거냐고 물었더니, 그의 대답이 걸작이다. "왜 가요? 제주올레길이 있는데! 안 가봤지만 여기만큼 아름다운 곳은 없을 것 같아요. 올레송 부르면서 올레에서 계속 놀 겁니다. 하하하."

중독자 B(이어도) 모 증권사 대표를 지낸 증권업계의 1세대 애널리스트. 아직도 현역으로 활약 중이다. 제주올레길이 처음 열리자마자 호기심에 찾아온, 걷기 카페 '유유자적' 회원. 올레길을 걸으면서 "길과 풍경은 세계 최고지만, 해변과 마을에 널린 쓰레기 때문에 명품

길이 되기엔 역부족"이라고 품평해 내 속을 긁어놓은 장본인.
　　　　그러나 그의 쓴소리가 올레에는 명약이 되었다. 고민 끝에 (사)제주올레는 서귀포시에 적극 민원을 제기했고, 서귀포시는 이때부터 코스 개장을 앞두고 미화원을 동원해 오름이나 해안에 오랜 세월 방치돼온 쓰레기를 치우는 시스템을 가동했다.
　　　　원조 올레꾼 이어도님은 번잡한 개장행사를 피해 새로 열린 코스를 뒤늦게 걷고 나면 문자메시지로 품평을 날린다. 14-1코스에 대한 그의 소감은 '정말 환상적인 코스! 베스트 코스를 다시 바꾸게 될 듯'이었다. 새 코스가 열릴 때마다 변심을 거듭한다고 면박을 주었더니, 날이 갈수록 더 명품길을 내는 탐사국 때문이지 자기 탓이 아니란다.

　　　　중독자 C(로망)　서울 모 사립고등학교 윤리교사. 대학시절 이른바 '운동권'이었던 그는, 학생들에겐 인기가 좋은 편이지만 교무실에서는 '바른말 잘 하는 까칠한 교사'로 치부된다. 동료들과 퇴근 후 술 한잔이 유일한 낙이자 취미. 운동은 '숨쉬기 운동'이 고작이었다. 우연한 기회에 올레길을 걷게 된 그는 하루 만에 흠뻑 빠지고 말았다. 혼자 걷는 것보다 더불어 걷기를 더 좋아해서 개장행사에는 빠짐없이 참석한다. 내려올 때마다 코냑을 선물로 들이미는 그가 못 내려오면 은근히 서운하다.
　　　　처음에는 척 보기에도 '세상에 불만 많은' 인상이었는데, 삼

년 만에 '싱글벙글 아저씨'로 바뀌었다. "올레가 없었더라면, 내 인생 상상만 해도 끔찍해요. 시간이 갈수록 점점 이상하게 돌아가는 교육 현장에서 돌아버렸을지도 몰라요. 올레길 걷다 보면 세상을 느긋하게 바라볼 여유와 버텨낼 에너지가 생겨요." 까칠한 남자의 올레를 향한 사랑 고백이다.

중독자 D(일송) 시중은행 부행장을 지내고 은퇴한 뒤 울산으로 내려와서 난을 키우는, 그 분야에서는 손꼽히는 '애란인'. 난에 관한 수필을 관련 잡지에 연재하면서, 방문자가 꽤 많은 홈페이지도 운영한다. 올레길을 접하고 난 뒤부터 사랑의 우선순위가 바뀌어서 애란인들의 원성이 자자하다.

'은퇴 백수'이니만큼 경제적, 시간적 여유가 있는 편이어서 제주에 자주 내려온다. 한번 내려오면 체류 기간도 꽤나 길어서 평균 열흘에서 보름쯤 민중각에서 묵고 가는 '장기수(장기투숙자)'. 제주에서 머문 기간이 2008년에는 68일, 2009년에는 무려 100일에 이른다. 사진작가 김영갑에 홀딱 빠져서 김영갑이 잡아낸 제주 바람을 열심히 따라잡는 중이다.

그가 연 카페 '간세다리'는 회원만 이천오백 명에 이르는, 손꼽히는 제주올레 관련 카페이다('올레홀릭', '올레길사랑', '올레길을사랑하는사람' 등 올레 관련 커뮤니티들이 꽤 형성돼 있다). 2010년 6월 서귀포에서 가진 '간세다리' 첫 정기모임에는 운영자 '빠숑'을 비롯하여 육십 명이 넘게 참가해 카페의 활동성을 과시했다.

올레 중증중독자를 자인하는 일송님의 희망은 제주도로 이민 와서 날마다 올레길을 걸으면서 자원봉사를 하는 것. 가족의 동의를 끌어냈고 울산의 아파트도 내놓았지만 매기가 없어서 고민 중. 하지만 제주도민 일송님이 될 날이 머잖았다는 예감이 팍팍 든다.

중독자의 말로는 '제주 이민자'

중증중독자가 마지막으로 택하는 길은 아예 올레길에 정착하기다. 이른바 '제주 이민자'가 되는 것. 일송님처럼 추진 중인 이들도 있지만, 벌써 실행에 옮긴 이들도 제법 있다.

법환포구에 사는 D씨 부부 이들은 풍모부터가 예사롭지 않다. 부부가 등산복 차림이 아닌 제주 갈옷 차림 따위의 독특한 패션으로 올레길을 걷는다. 이들은 올레길에서 우연히 만나 이야기를 나누다가 너무 맘이 통한 나머지 늘그막에 결혼을 결심한 '올레 커플'. 두 사람은 올레가 있는 제주에서 '제2의 인생'을 보내기로 합의하고, 걸으면서 눈여겨봐둔 법환포구에 낡은 집을 사들였다. 제주를 좀더 알기 위해서 부부가 나란히 올레 아카데미 기초과정과 심화과정을 연달아 이수했다. 지긋한 나이에도 불구하고 두 사람은 젊은이들처럼 꼭 붙어 다닌다. 늦게 만나서 함께 할 시간이 짧으니, 더 열렬히 사랑하는 수밖에.

제주시 은행 지점 근무를 자원한 E씨 외국계 은행에서 십여 년 넘게 근무한, 스스로 비혼주의자라고 소개하는 독신 여성. 올레길이 열린 직후부터 삼 년 동안 여러 차례 올레길을 찾았고, 삭막한 도시 회색빛 고층빌딩숲으로 출퇴근하는 일에 점점 지쳐갔다. 다행히 제주시에 자신이 근무하는 은행의 지점이 있길래 서둘러 이동을 자원했다. 이주 몇 달이 흐른 지금, E씨는 아예 은행원 생활을 접고 퇴직금으로 서귀포에 조그마한 집을 사들여서 작은 카페를 열어볼까, 생각 중이다.

제주도의 인구는 몇 년째 정체 중이고, 특히 서귀포는 인구가 갈수록 감소하는 추세다. 성장축이 별달리 없는 서귀포에서 먹고살기가 점점 힘들어지면서 자녀 교육 때문에, 장사나 취업 때문에 사람과 돈이 몰리는 제주시로 빠져나가는 것이다.

그러나 끝없는 경쟁에 지치고 현기증 나는 속도에 치인 도시인들은, 사시사철 푸르름으로 가득 찬 서귀포의 풍광과 느리디느린 서귀포의 분위기에서 한없는 위로와 평안을 느낀다. '서귀포 이민자'가 더욱더 늘어나서, 서귀포의 공동화도 막아내고 서귀포의 느린 삶을 즐

기면서 피폐해진 심신을 치유하면 어떨까. 한평생 빡세게 살아온 퇴직자, 가족 부양의 부담이 없는 싱글들부터 모여라, 서귀포로!

사랑을
다시
만나다

'맛난 것을 먹을 때 생각나면 사랑하는 사람'이란다. 그보다 한 차원 높은 경지는 뭘까? '멋진 경치를 볼 때 생각나는 사람'이다. 사파이어블루 바닷빛에 감탄하면서도 이 황홀한 물빛을 함께 즐길 그녀가 없어서 옆구리가 허전하고, 미풍이 살랑거리는 오름에 올라서면 머리를 기댈 그 남자의 어깨가 못내 그리운 법이다. 한평생 인생이라는 긴 여정을 함께 해온 부부야말로 미우나 고우나 '맛난 것, 멋진 풍경'을 보면 자동으로 연상되는 존재일 터(뭐 아닌 경우도 있겠지만^^).

부부, 가장 잘 아는 것 같으면서
가장 모르는 존재

　　　　　일주일간 올레길을 걷고 공항 가는 길에 감사 인사를 하러 올레 사무실에 들른 P씨 부부. 여고 동창생들과 올레를 걷고 간 아내가 남편에게 갖은 애교와 집요한 설득 끝에 설 연휴를 제주에서 보내기로 했다. 처음에는 다른 여행이랑 별반 다를 바가 없더란다. 빡센 등산으로 단련된 남편은 평탄한 올레길이 시시하다고, 부인은 주변 풍경에 눈길도 주지 않고 휙휙 내달리는 남편이 너무 재미없다고 서로 불평만 늘어놓았더란다.

　　　　　이튿날, 코스 후반부에 접어들면서 서서히 마음이 열리기 시작했다. 남편 왈, 뭐 그리 특별할 것도 없는 들꽃을 발을 멈추고 하염없이 들여다보는 마눌이 새삼 예뻐 보이고 애틋하더란다. 저리도 결이 고운 여자가 세상살이 요령이라곤 없는 고지식한 남편 만나 아들 셋 키우면서 아득바득 살다 보니 퍽퍽하고 억센 여자가 되었구나. 그렇게라도 살아준, 아직도 들꽃에 눈 맞출 줄 아는 아내의 손을 살그머니 쥐었더니 아내가 소리치더란다. "와, 이건 올레의 기적이네, 기적!"

　　　　　P씨 부부에게 일어난 기적은 서막에 불과하다. 길을 걸으면서 평생의 반려를 재발견하고 새로이 사랑의 불을 지피게 되는 올레의 기적! 이를 가장 극적으로 입증하는 커플이 있으니, 올레 4코스 시작점

표선 당케포구에 자리한 '다미진 횟집' 부부다.

먼저, 기적이 벌어지기 전의 상황.

#1 그들은 육지년과 제주놈의 결합이었다. 왕년의 제주인들은 '육지 며느리'를 지금의 외국인 이주 여성처럼 낯선 존재로 받아들였다. 며느리들은 풍습도 기후도 생활방식도 워낙 달라서 '과연 적응하겠느냐'는 주변의 시선에 시달렸다. 그런데 설상가상, 제주 남자는 경상도 남자와 쌍벽을 이루는 '무대화주의자', '생략화법의 신봉자'들이다. 끊임없이 자기 감정을 토로하고 상대방과 소통하려는 여자 종족과는 가장 멀리 떨어진 별에서 온 종족이라고나 할까.

#2 두 사람, 집에서건 횟집에서건 늘 얼굴을 맞대야 했다. 안 그래도 아침저녁 일상을 함께 하다 보면 연애시절의 신비감과 호기심이 팍팍 줄어드는 게 결혼생활인데, 심지어 낮에까지 붙어 지내야 하는 부부는 더할 수밖에. 첫눈에 반해 육지 여자를 열심히 꼬셔서 영입에 성공한 남편이지만, 결혼 이후부터는 언제 그랬냐는 듯 아내에게 무덤덤해지고 말았다.

#3 하루종일 붙어 지냈지만 두 사람은 서로의 감정 상태에

대해서는 아무것도 몰랐다. 바지런하고 책임감 강한 부인은 부엌일과 서빙을 번갈아 관리하느라 몸이 셋이라도 모자랄 지경이었다. 반면 사교성 있고 사람 좋은 남편은 주변의 이런저런 부탁을 해결해주고 지역사회와 동창사회에서 벌어지는 온갖 술자리에 다리를 걸치느라 역시 바쁘기 짝이 없었다. 한때 제주해협을 넘나든 사랑을 했던 그들이지만, 시간이 흐를수록 '참으로 이해하기 힘든 당신'이 되어가고 있었던 것.

"우리 부부 다시 만나게 해준 게 올레길 아니우꽈"

그러던 중에 부인이 언론을 통해 올레가 있음을 알게 된다. 지겨운 일터와 답답한 일상에서 잠시라도 벗어나려고 올레 개장행사를 참가했다가 중독이 시작되었다. 개장날만 아니라 평일에도 혼자 집을 나서곤 했다. 남편에게 같이 가자고 권유했지만 제주 본토박이 남편은 "올레길이 뭐 별건가. 제주도가 다 올레길이지" 귓등으로 흘려 넘겼다. 헌데 마누라가 새로운 올레 코스를 다녀오기만 하면 제주가 이리 좋은 줄 몰랐다고, 제주로 시집오길 참 잘했다고 하더란다. 제주 신랑 귀에 듣기 좋은 말이었다. 슬몃 호기심이 일었다. 다음번 부인이 집을 나설 때 남편도 따라나섰다. 그날 올레에 맛을 들인 남편은 부인보다 더한 올레병 환자가 되었다. 제주에서 나고 자란 토박이지만 자동차를 타고 휙휙 달리다 보니 까맣게 잊어버린 풍경이, 잃어버린 유년이 거기, 고스란히 남아 있었다.

  되찾은 건 고향 풍경과 어린 시절만이 아니었다. "난 저 사람이 식당에서 뭐따문 속상햄신지, 나한테 무슨 불만이 이신지, 뭘 허고팡 허는지 하나도 몰랐수다. 그걸 길을 천천히 걸으멍 이 말 저 말 곳당보난 다 알게 된 거라마씀. 우리 부부 다시 만나게 해준 게 올레길 아니우꽈. 살암덴 다 사는 게 아니라마씀. 서로 알곡 이해해사 곹이 사는 부붑주(나 저 사람이 식당에서 뭐 때문에 속상한지, 나한테 무슨 불만이 있는지, 무얼 하고 싶어하는지 하나도 몰랐어요. 그걸 길을 천천히 걸으면서 이 말 저 말 하다 보니 다 알게 된 거예요. 우리 부부 다시 만나게 해준 게 올레길 아닙니까. 산다고 다 사는 게 아니에요. 서로 알고 이해해야 같이 사는 부부지요)."

  그들 부부는 일주일에 몇 번은 반드시 올레길을 걷는다. 걷는 날에는 가게 문 닫자마자 한밤중에 다음날 걸을 코스의 시작점 근처로 내달려서, 그곳 팬션이나 모텔에서 하룻밤 자고, 다음날 새벽부터 걸은 뒤에, 택시

를 타고 시작점으로 돌아가서 다시 차를 끌고 돌아간다. 가게에 도착하면 오후 2, 3시쯤. 그때부터 저녁 장사 채비를 서두른다.

이렇게 일하는데도, 매출액은 전보다 크게 올랐고 단골은 더 늘었다. 얼마 전에는 식당 옆 공터에 별관을 새로 냈다. 부부는 결혼생활에도, 사업에도 성공을 거두고 있다. 서로 진정한 인생의 길동무로 다시 만났기 때문이 아닐까.

"저희, 실은 이별여행 왔어요"

2009년 설 연휴, 간만에 동생 동철이와 3코스를 걷기로 했다. 한 젊은 커플을 만난 건 3코스 시작점 온평포구에서였다.

남자친구 이우신은 생글생글 웃는 모습이 아주 귀여운 친구였다. 하는 짓도 어찌나 엽렵한지 뭐든지 알아서 척척, 싹싹하기 이를 데 없었다. 트레킹 준비물도 무척 꼼꼼하게 챙겨서 길을 걷는 내내 우리 남매의 보급기지 역할을 톡톡히 했다. 초콜릿에 썬 오이, 방석까지.

통오름에서는 급기야 '완소남'으로 등극했다. 구정 연휴로 하나밖에 없는 식당마저 문을 닫아 모두 쫄쫄 굶게 생겼는데, 우신씨가 싱글싱글 배낭에서 뭔가를 꺼낸다. 라면에, 즉석 비빔밥에, 코펠에, 버너까지. 오름에서 내려와서 아스팔트 길바닥에 퍼질러 앉아서 그는 라

면을 끓이기 시작했다.

그대, 혹시 귀가 얼얼하게 시린 날 통오름의 흔들리는 억새를 올려다보면서 후르륵 라면을 먹어본 적이 있는가. 눈과 귀와 입에서 한꺼번에 감동이 작렬하는 순간이었다. 워낙 먹는 것을 좋아하는 나는 우리의 위장을 즐겁게 해준 우신씨를 열렬히 칭찬하면서, 그를 애인으로 둔 여자친구를 부러워했다. 그녀 유나연은 말없이 웃었다. 싹싹한 남자, 덤덤한 여자 커플인가?

이윽고 김영갑 갤러리가 나타났다. 우신씨가 갤러리를 둘러보는 동안에 나와 나연씨는 정원에서 커피를 마시기로 했다. 나연씨가 커피잔을 한참 만지작거리더니 작심한 듯 말을 꺼낸다. "저희들 실은 이별여행으로 올레 걸으러 온 거예요." 뭐시라? 이별여행? 백일기념, 천일기념, 그런 게 아니라 이별여행이라고라?

그래서 걷는 내내 그녀가 '말없음표'였구나. 연인과의 이별을 결심하고 떠나온 여행인데 뭐가 그리 즐거울 것이며 천하절경인들 눈에 들어올 것인가. "왜 헤어지려고? 인물 좋고 싹싹하고 배려 많고." 갑자기 친척 아주머니 모드로 둘 사이에 개입하려드는 나. 그녀도 내 판단을 굳이 부인하진 않았다.

"다들 그렇게 말하죠. 그래서 더 답답해요. 평소엔 참 괜찮아요. 그런데 술 마시고 주사가 있었어요. 딱 두 번이었지만……. 처음은 용서했는데, 두 번째는 용서가 안 되네요. 이젠 정말 헤어지려고요."
그녀, 입매가 야무지다. 나연씨에게 확실하게 끝내겠다는 통보를 받은 우신씨가 필사적으로 매달렸단다. 네가 그토록 제주올레길 가고 싶어했으니 마지막으로 다녀오자고, 외지에서 보디가드가 필요하지 않느냐고.

다시 길을 걸으면서 우신씨와 긴 이야기를 나누었다. 이야기를 들었노라고, 술버릇은 연애뿐만 아니라 자기 인생을 위해서도 꼭 고쳐야만 하는 일이라고. 사회면을 장식하는 큰 사건들의 동기는 다 다르지만 마지막 뇌관은 대부분 술이라고. 임기응변으로 넘기려 들지 말고 스스로를 심각하게 되돌아봐야 한다고. 그가 무겁게 고개를 끄덕였다.
종착점인 표선 백사장에서 그들 커플과 전화번호를 나누고 헤어졌다. 이틀 뒤, 나연씨에게서 문자메시지가 날아왔다. "이별여행이에요, 기억하시죠? 서로 다시 노력하기로 했어요. 다 선생님과 올레길 덕분이에요."
와우, 잘됐다. 그건 사랑을 다시 가꾸려는 너희들의 마음이 있었기 때문이지. 진짜 헤어질 마음이라면 올레길에 왜 왔겠니.

2010년 설 연휴, 핸드폰 화면에 '이별여행'이란 글자가 떴다. "선생님, 이별여행 기억하시나요. 바쁘실 것 같아서 연락 일부러 안

드렸어요. 이별여행 1주년 기념 왔다 올라갑니다. 이번에도 넘 좋았어요. 감사해용."

　　부부든 연인이든, 사랑의 불씨를 되살리고 싶다면 함께 길을 걸어볼 일이다. 굳이 제주올레길이 아니라도 상관없다. 천천히 손을 잡고 걷다 보면 서로에게 어떤 존재인지를 확인하게 될 터이니. 그리운 풍경 하나 가슴에 담아가게 될 터이니. 🐴

가족,
그 따뜻하고도
징그러운
이름

가족, 식구, 핏줄. 이 험한 세상에 다리가 되어줄 가장 정겨운 존재다. 반면, 아무리 발버둥쳐도 헤어날 길 없는 징그러운 인연이다. 올레꾼 중에서도 가족 때문에 몸서리치게 고통스러워서 떠나온 사람도, 가족의 상실 때문에 마음 둘 데 없어서 길에 나선 이들도 있다.

"데면데면했던 아들놈과 사흘 만에 동지가 됐어요"

그들 부자(父子)를 만난 게 어디였는지 기억이 가물가물하다. 일주일 동안 올레길을 걸었다니 아마 7코스나 8코스 어디쯤 아니었을까. 올레 마지막 날이란다. 아버지는 사십대 후반쯤으로 보였고, 아들은 고등학교 1학년. 아버지는 나를 보자마자 구십도 각도로 깊이 허리를 굽혀 인사했다. "이런 길을 만들어줘서 너무 감사하다"면서. 여자들에게선 많이 들어본 인사지만 남자 올레꾼이 이렇게 솔직하게 말하는 건 드물었다. 아이는 저만치 떨어져 있는데, 아버지가 술술 이야기를 털어놓았다.

"아이가 하도 속을 썩이고 학교에서도 자주 말썽을 부려서 엄청 애를 먹었어요. 어차피 학교 가도 수업도 제대로 듣지 않을 텐데 차라리 올레라도 같이 걸어보자 생각했지요. 현장학습으로 담임선생님께 허락을 받았지만 애엄마는 괜히 수업만 빼먹는 게 아니냐고 걱정을 하더군요.

그래도 한번 길을 걸으면서 아이와 마음을 터놓고 얘기해보고 싶었어요. 회사일이 그렇잖아요. 맨날 늦게 들어가고 아침 일찍 집을 나서고. 어쩌다 일찍 들어가도 외려 아들과 부딪히기 일쑤였죠. 컴퓨터 그만하고 이야기 좀 하자면 짜증부터 부리고 신경질 내면서 방문

을 닫고 들어가버리고. 사실 올레길 오면서도 큰 기대를 한 건 아니에요. 집보다는 조금이라도 분위기가 낫지 않겠나 생각했던 거지요."

아버지는 그 뒤로도 한참 동안 '상황 보고'를 했다. 결론은 해피 앤드, 상상 초월이었단다. 하루 이틀은 아이가 걷기를 내켜하지 않는데다 온종일 불만투성이였단다. 간식을 살 만한 마트가 없다, 식당이 왜 이렇게 없느냐, 화장실은 얼마나 더 가야 나오느냐 등등. 심지어 올레 표식을 놓쳐서 길을 헤매면서 서로 너 탓, 내 탓 싸우기도 했단다.

그런데 언제부터인가 아들이 달라졌다. "걸으면서 지보다 내가 힘이 더 달리니까 지 애비도 늙어가나보다 연민이 생겼나봐요. '아빠, 배낭 제가 대신 매드려요?' 묻는데 눈물이 쏟아질 뻔했다니까요. 방에 틀어박혀 게임만 하던 아들놈이 코스를 끝내고 난 뒤에도 별로 피곤해하는 기색이 없으니 이래서 젊다는 게 좋구나 싶으면서 아들 녀석이 든든하게 느껴지더라고요. 사흘 만에 우리가 참 친해졌다, 동지구나 하는 느낌이 왔어요. 아이 표정을 보니 저랑 비슷한 느낌인 것 같았어요.

믿어지십니까? 저희 부자가 지난 일주일 동안 나눈 이야기가 십칠 년 동안 한 집에서 살면서 나눈 이야기보다 더 많다는 거."

믿고 말고요. 한 집이라는 거, 기간이라는 거, 중요하지 않지요. 자칫하면 한 집에 오래 살면 웬수가 된다잖아요. 늘 같은 분위기에

서, 늘 같은 음식을 먹으면서, 늘 듣는 잔소리는 대화가 아니라 갈등과 미움과 분노를 불러일으키는 소음에 지나지 않거든요. 아버지가 참 좋은 분이니 아들도 잘 자라겠네요.

외롭게 걷다 보니 시어머니가 다 보고 싶더라고요

여성 전용 게스트하우스 '애순민박'의 주인장 서애순씨가 들려준 이야기다. 오십대 중년 여성이 3코스를 걷고 왔다면서, 일정을 당겨서 서울로 올라간다고 하더란다. 걷다가 무슨 문제가 있었나, 올레 길이 마음에 안 들었나, 걱정이 되어서 까닭을 물었더란다. 그녀가 대답하기를 남편도, 시어머니도, 얄밉기 한량없던 시누이마저 그립고 보고 싶어서 그런단다. 듣고 나니 그 이유가 참으로 엉뚱하더란다.

"비 오는데다 3코스가 길다고 소문이 나서 그런지 사람이 하나도 안 보이더라구요. 올레꾼은커녕 지나는 마을 사람도 없었어요. 공동묘지까지 만나니까 몸이 와들와들 떨리고. 겨우 오름에서 내려오니 여자 올레꾼이 걸어가요. 와락 반가운 마음이 들어서 같이 걷자고 인사를 했더니 세상에나, 쌩한 표정으로 '혼자 걷고 싶으니 그냥 가실래요?' 하는 거예요. 와, 사람이 얼마나 귀한지, 사람하고 부대끼면서 사는 게 얼마나 고마운 건지 절실하게 느꼈어요.

　　사실은 시어머니랑 사는데 맘도 안 맞고 시누이들이 엄마 챙긴다면서 시도 때도 없이 들락거려서 이렇게 살다간 돌아버릴 것 같아서 혼자 걸으러 왔거든요. 그런데 올레길에서 사람 귀한 걸 알게 됐어요. 서울 올라가면 시어머니와 시누이들한테 잘할 수 있을 것 같아요. 맘이 통하든 아니든 말이라도 나눌 사람이 있다는 거, 그게 그렇게 귀한 건 줄 몰랐어요."

　　서울에 올라간 뒤에 그녀와 시댁 식구들 관계가 얼마나 호전됐을지 알 수 없는 일이다. 화장실 들어갈 때와 나올 때 마음은 다르니까. 그래도 화장실 때문에 애먹은 사람은 화장실 고마운 줄은 알게 되니, 조금은 달라졌지 싶다.

　　좁은 공간에서 늘상 부대끼다 보면 사람 귀한 줄 모르는 법. 한 지붕 밑에 사는 식구들일수록 떨어져 있어봐야 상대방의 존재감을 확인하게 된다. '따로, 또 같이' 지낼 줄 알아야만 오래 간다.

ⓒ김진석

울 엄니, 울 할머니, 이렇게 가벼울 줄이야

2009년 가을, 8코스 해병대길에서 보기 드문 광경을 목격했다. 한 가족인 듯싶은 일행이 지나가는데, 아주머니가 할머니를 업고 걷는 게 아닌가. 유명한 관광지도 아니고, 자동차로 갈 만한 길도 아닌데, 걷지도 못하는 할머니를 굳이 여기까지 모시고 온 걸까.

아주머니는 힘이 부치는지 평평한 갯바위에 할머니를 부려놓았다. 자연스럽게 이야기가 오갔다. 팔순의 어머니, 딸 둘과 아들 하나, 네 명의 손주가 잔치 대신 여행을 떠나왔단다. 딸들은 어머니가 더 나이 잡수기 전에 조금이라도 올레길을 걷게 하고 싶었단다. 소싯적에 릴레이선수도 했고, 십 년 전까지는 틈틈이 동네 뒷산도 즐겨 오르던 어머니인지라 다는 못 걸어도 잠시라도 얼마나 기뻐할까 생각했더란다.

팔순의 노모는 한 시간쯤 걷고 나선, 참 좋기는 하다만 더는 못 걷겠다고 중도포기를 선언했다. 쉰 줄에 접어든 아들이 어머니에게 자기 등을 내밀었다. 다음에는 두 따님, 손주 손녀가 릴레이로 업으면서 여기까지 왔단다. 할머니는 자식과 손주 등에 업혀 "무거워서 어쩌냐", "바닷바람이 참 좋다" 연신 걱정과 감탄을 번갈아 하시고.

아들 되는 이가 말했다. "올레길 모시고 오기를 참 잘한 것 같아요. 어머니 등에 업혀 자랐지만 정작 어머니를 업어드린 건 처음이에요. 이렇게 가벼우신 줄 몰랐어요. 너무 가벼워서 눈물이 나올 뻔했

어요. 어머니 살아생전에 해마다 올레길로 모시고 오자고 동생들이랑 얘기했습니다."

올레마마 유순 언니와 팔도에 흩어진 아들 딸 들

그런 가족이 없다면? '사회적 가족'을 만들면 된다. 어릴 적 이웃에 살았던 이유순(시인) 언니는 환갑을 넘긴 나이에도 미혼녀다. 부모님은 일찍 돌아가셨고, 슬하에 자식은 없고, 새언니, 올케와는 교류가 끊어졌다. 혈혈단신 고아나 다름없는 신세다. 그런데도 유순 언니에겐 전국 방방곡곡에 흩어져 사는 딸, 아들, 동생, 조카가 많다. 몇 명인지 헤아릴 수조차 없다.

언니는 올레길에서건 서귀포 시내에서건 올레꾼만 만나면 다정하게 말을 건넨다. 저녁이면 막걸리 몇 병 사들고 올레 인기 숙소인 '민중각'에 들러서 막걸리 파티를 연다. 기분이 내키면, 온종일 남의 밭 밀감을 따주거나 농업센터에서 씨앗과 모종을 심어주고 받은 일당을 털어서 어린 친구들에게 용돈도 쥐어준다. 그녀가 풀어내는 구수한 서귀포 이야기를 듣다 보면 어느덧 밤이 깊어간다. 올레꾼들 사이에서 단연 인기 짱일 수밖에. '올레 마마' 라는 별칭이 붙은 지 오래다. 언니는 나를 만나면 가끔 너스레를 떤다. "맹숙아, 경해도 올레꾼한테 내가 너보다 인기가 더 있저. 알암시냐." 언니의 인기를 맹세코 질투해본 적이 없다.

그런 언니가 지난봄에 생일을 맞았다. 가족도 없는데 얼마나 쓸쓸할까 싶어서 미선이랑 혜진이랑 함께 언니를 찾았다. 웬걸, 언니의 조그마한 방에는 선물 꾸러미가 그득했다. 전기밥통, 꽃다발, 화장품, 책. 웬 거냐고 물었더니 한 아이가 언니의 생일을 알고선 전국의 올레꾼 딸 아들 조카 들에게 사발통문을 돌리는 통에 선물이 쏟아졌단다.

가족은 그런 게다. 어릴 적엔 등에 업혔다가 나이 들면 업어주고, 상대가 힘들어하면 손 잡아주고 내가 힘들 땐 손을 내미는. 가족과 더불어 걸으면 기나긴 길도 지루하지 않다. 인생길도 마찬가지다. 동행하는 이가 생물학적 가족이든 사회학적 가족이든 간에.

바람의 섬을
사랑한
바람의 딸
한비야

　　　　그녀가 쓴 책이 나올 때마다 찾아 읽으면서 부러워도 하고 배 아파하기도 했다. 그녀처럼 회사를 때려치우고 훌쩍 여행을 떠나지 못하는, 그저 '여행 희망증' 환자였기에.
　　　　어느 해였던가. 아는 언니가 이끌고 간 모임에서 그녀, 한비야와 우연히 만났다. 첫 인상은 한마디로 '별로'였다(그녀도 내가 '별로' 였다고 회상했다. 너무 딱딱하고 엄숙해 보였다나 ^^).
　　　　폭포수처럼 말을 어찌나 쉴 새 없이 쏟아내는지 머리가 다 지끈거릴 지경이었다. 수다꾼으로 소문난 나조차 도무지 끼어들 틈이 없을 만큼, 말의 양이나 속도에서 압도적이었다. '역시 작가는 글로만 만나야 해.' 돌아오는 길에 동행한 선배에게 슬쩍 흉을 봤더니 기다렸다는 듯 반격한다. "이제서야 너 때문에 우리가 얼마나 피곤했는지 알겠지? 고거 참 쌤통이다, 이것아!"

그날 이후 그녀와 일 년에 몇 번씩 십자매들의 모임에서 맞닥뜨리게 되었다. 그러면서 그녀의 총알 같은 수다의 배경을 이해하게 되었고, '24시간 조증 환자'라고 놀림받을 만큼 늘 활기찬 그녀의 이면에 감춰진 깊은 외로움과 슬픔을 엿보게 되었다.

아, 그녀는 장래가 보장된 외국계 회사를 때려치우고 떠난 길고 긴 세계여행과 목숨 걸고 덤벼든 긴급구호 활동을 통해 우리와 너무 다른 세계를 경험하고, 너무 숱한 무고한 죽음을 목격하고, 너무 지독한 가난을 지켜보았다. 그러니 그런 세계와는 무관하게 좁디좁은 나라에서 자기들끼리의 무한경쟁과 비누거품처럼 흘러다니는 유행에 열광하고 집착하는 우리에게 할 말이 너무나도 많았던 것이다. 지독한 참상을 지켜본 목격자의 부채감과 증언에 대한 의무감! 송곳 하나 꽂을 틈 없이 이어지는 그녀의 수다는 '슬픈 증언'이나 다름없었다.

게다가 한심해하면서도 사랑할 수밖에 없는 게 조국 아닌가! 그녀는 지독히도 외롭고 처절한 이국생활에서 눈물이 쏙 빠질 만큼 매운 고국의 음식을 먹고, 애인처럼 사랑하는 북한산을 걷고, 유창한 외국어가 아닌 모국어로 말하는 순간을 그리워했던 것이다. 만날수록 그녀가 점점 좋아졌다. 독자가 아닌 친구로서.

2005년 봄, 재난 현장에서 돌아오자마자 이틀 만에 짐을 꾸려서 또 다른 재난 현장으로 떠나기 전날 밤, 잡지사 인터뷰 지면을 담

당하던 나는 늦은 밤 그녀를 붙들고 인터뷰를 시작했지만, 누적된 피로로 토끼처럼 눈알이 빨개진 그녀가 안쓰러워서 도중에 인터뷰를 중단했다. 못다 한 질문은 다음날 공항 가는 차 안에서 전화로 하자면서.

다음날 일찍 전화를 했더니 그녀는 콜택시를 기다리는 중이니 잠시 후에 전화를 해달란다. 집 안에서도 오돌오돌 한기가 느껴지는 신새벽에 길가에서 택시를 기다린다니. 숱한 시신을 수습하고 돌아오자마자 그 충격에서 벗어나기도 전에 또 다른 현장으로 달려가야 한다니. 그토록 예뻐하는 조카들하고 밥 한 끼 먹지도 못한 채. 난, 그녀에게 더 물을 수가 없었다. "아냐, 어제 인터뷰로 충분할 것 같아. 차에서 눈이나 좀 붙여."

1코스 개장행사 때문에 비상식량도 못 챙기고

그녀는 주변에서 '미친 짓'으로 여긴 나의 산티아고 순례를 가장 열렬하게 지지해준 고마운 친구이기도 했다. "살까 말까 망설여지면 반드시 사지 말아야 해. 하지만 갈까 말까 망설여질 땐 반드시 떠나야 해. 여행해서 후회하진 않으니까"라면서.

스페인을 다녀온 뒤 고향 제주에 산티아고 길처럼 아름다운 트레킹 길을 만들겠다는 '더 미친 계획'을 털어놓았을 때에도 그녀는 쌍수 들고 환영했다. "참 멋진 생각이야. 제주도가 얼마나 아름다운데! 아일랜드 트레킹 코스는 평지나 산 트레킹 코스보다 한 수 위로 쳐준다니까."

고무, 지지, 격려, 찬동한 죄(?)로 반드시 첫 개장행사에 참석해야 한다고 으름장을 놓자 '한국에 있는 한 그러겠다'고 선뜻 대답한 그녀는 2007년 9월 17일 올레 1코스 개장행사에 참석해 약속을 지켰다. 아프리카 소말리아로 장기간 구호 활동을 떠나기 이틀 전이었다. 시흥리 알오름에서 눈앞에 펼쳐진 우도봉과 일출봉을 내려다보면서 그녀는 탄성을 질렀다. "야호, 이건 천하 제1경, 아니 우주 제1경이라고 해야 마땅해!"

'걸어서 지구 두 바퀴 반'을 여행한 '바람의 딸'이 올레의 경쟁력을 보증한 것이다.

두어 달 뒤, 한 조간신문에서 비야의 칼럼을 읽다가 일순 멈칫했다. 내용인즉, 자신은 장기 출장을 떠나올 때는 늘 매콤한 한국 라면을 비상식량으로 준비하는데 이번엔 서둘러 출국하느라고 미처 챙기지 못해 이역만리 아프리카 땅에서 라면 때문에 지독한 향수병을 앓고 있다는 것이었다. 아뿔싸, 외국 나가기 전에 제주에 급히 왔다 가느라고 비상식량을 못 챙겼구나. 매운 음식과 불량과자를 밝히는 비야의 식습관을 알고 있었기에 미안함과 고마움에 목이 메었다. 큰 빚을 진 기분이었다.

"여기가 내 사설독서실이야, 어때 멋지지 않아!"

그녀에게 진 빚을 갚을 기회가 훗날 생겼다. 2009년 여름, 비야에게서 전화가 걸려왔다. "오랜만에 책을 쓰기로 했는데, 이번엔 왠지 꼭 제주에서 쓰고 싶어. 한 보름쯤 머물 만한 조용한 숙소 소개해 줄 수 있어? 사람들한테 시달리지 않아도 되는 곳, 알지?"

8코스 대포포구 근처, 올레길에서 살짝 비켜난 지점에 있는 조용하고 깨끗한 팬션이 떠올랐다. 내가 사는 곳에서 걸어서 십 분 남짓인데다, 주인 부부가 친절하면서도 성품이 조용한 분들이라서 '비밀 엄수'에는 제격일 것 같았다. 넌지시 운을 뗐더니 두 사람 모두 비야의 열혈 팬이라면서 최선을 다해 뒷바라지를 하겠단다.

비야는 이곳에서 보름쯤 묵으려고 내려왔다가 한 달을 내리 머물렀다. 수도승처럼 틀어박혀서 글을 쓰는 틈틈이, 날마다 아침 산책을 다닌다고 했다. 일하러 온 친구를 방해할까 염려되어 일부러 들르지도 않았는데, 하루는 비야가 종달새 같은 목소리로 전화를 걸어왔다. "이상하게 글이 술술 잘 풀려. 아마 제주바다 기운 덕분인가봐. 본래 산 정기를 받아서 글을 썼는데, 이번엔 바다가 도와주네. 내가 본래 바람의 딸이잖아. 제주는 바람의 섬이고!"

비야의 제안에 근처 바닷길 산책에 나섰다. 대포포구를 지나

바위가 많은 바닷가 앞에서 비야가 사춘기 소녀처럼 달뜬 표정으로 말했다. "여기서 조금만 내려가면 내 사설 독서실이 있어. 한번 가볼래?"

사설 독서실이라니, 이 바닷가에? 아하, 바닷가에서 책을 읽는가보구나, 이내 짐작했다. "응, 나도 외돌개 열두밧디 구멍 난 굴 아래 내 독서실이 있는데, 어디가 나은지 겨뤄볼까?"

올레 코스를 벗어나 바닷가로 내려가니, 조물주가 빚어낸 조각인 듯 빼어난 바위들이 즐비하다. 비야는 그중 잘생기고 품이 넉넉한 바위를 가리키며 짐짓 생색을 낸다. "바로 여기가 내 전용석이야. 한 번만 너한테 빌려줄게."

바위의 움푹 파인 곳에 쓱 엉덩이를 들이미니 의자가 따로 없다. 앞의 바위에 가려져 바깥 시선으로부터도 완벽히 자유롭다. 들리는 건 철썩거리는 파도소리뿐. 보이는 건 먼 바다와 마라도, 가파도, 그리고 갈매기뿐.

"어때? 세계 최고, 세계 유일 내 사설 독서실! 비밀이야, 다른 사람들한테는."

제주를 떠나는 날, 비야는 뜻밖의 제안을 했다. 자신의 책 『바람의 딸, 우리 땅에 서다』의 인세 10퍼센트를 (사)제주올레에 기부하겠단다. "명숙아, 난 네가 참 자랑스러워. 미루어 짐작은 했지만, 제주서 살아보니 네가 얼마나 대단한 일을 했는지 피부로 느끼게 돼. 책 인

세의 일부를 의미 있는 일을 하는 단체에 기부하는데, 『우리 땅에 서다』만 임자가 없었거든. 이제 임자를 찾은 거 같아. 출판사 사장님께 말했더니, 출판사도 그만큼 기부하겠대."

그녀가 대포 바닷가의 정기를 받으면서 집필한 책은 『그건, 사랑이었네』라는 이름으로 출판되었고, 이내 전 서점가에서 초대형 베스트셀러로 떠올랐다. 그 폭발적인 호응에 힘입어 그녀가 이미 펴낸 책들마저 여행 분야 베스트셀러로 다시 떠올랐으니, 물론 『우리 땅에……』도 그중의 하나였다. 비야를 도우려다가 다시 한번 빚을 지고 말았다. 바람의 섬 제주를 사랑한 바람의 딸 비야다.

내 인생의
두 스승

출구가 보이지 않는 캄캄한 독재정권의 터널을 통과했던 시절, 그 시대의 청춘이라면 누군들 '시대의 양심' 리영희 선생님의 책에서 벼락 치는 깨우침을 느끼지 않은 이 있었을까. 『전환시대의 논리』 『우상과 이성』 『8억인과의 대화』를 통해 시대를 바라보는 눈을 떴고, 바깥세계를 내다보는 안목을 길렀다. 무엇보다 감동적인 것은 강단이 아닌 감옥을 기꺼이 선택한 그의 실천적인 지성이었다. 엄숙한 풍모에 깐깐한 선비기질을 지닌 듯한 리영희 선생님에게 나는 친근감보다는 외경감을 느꼈다. 그분은 '가까이할 수 없는 먼 그대'였다.

선생님을 처음 만난 건 직장을 때려치우고 백수의 생활을 즐기던 2003년 어느 꽃피는 봄날이었다. 후배 오한숙희가 2000년 갑작스레 중풍으로 쓰러진 뒤 오랜 세월 투병 중인 선생님을 뵈러 가자고 나를 꼬드겼다. 어려운 사람을 만나기 꺼려하고 재미없는 만남은 아예 기피하는 성격인지라 요리조리 핑계를 댔지만, 숙희가 쳐놓은 그물은 빠져나오기 힘들었다. "얼마나 재미나고 편한 분인데, 직접 뵙고 나면 책보다 더 좋아하게 될걸!"

"서선생, 하늘에 전화하느라 바빴겠어" 노학자의 조크

선생님이 사시는 청계산 자락의 민물 매운탕집 정자에서 봄날의 오찬은 시작되었다. 거동이 힘들어서 어지간해서는 외출을 안 하신다는 리선생님과 사모님은 간만의 나들이가 퍽이나 즐거우신 듯했다. "아이고, 봄이 왔어, 봄이." 먼발치의 복사꽃, 개나리꽃에 한동안 눈길을 주시더니, 매운탕이 들어오자 "야, 이거 국물 참 맛있구나야!" 감탄을 연발하신다. 툭툭 부러지는 평안도 사투리가 멋진 것을 더 멋지게, 맛난 것을 더 맛나게 만드는 주문(呪文) 같았다. 소소한 일상에 섬세하고 다정하게 반응하는 선생님을 보면서 '거대 권력에 맞선 깐깐하고 강직한 선비'라는 고정관념은 일거에 무너져내렸다.

쓰러진 이후 좋아하던 술을 끊었다는 선생님은 우리가 동동주를 마시는 걸 지켜보면서 "야, 고거 참 맛있겠는걸. 아주 술술 넘어가겠어" 입맛을 다시면서 부러워하셨다. 딱 한 잔만 마시면 안 될까, 곁에 있는 사모님께 애원하는 선생님은 대학자라기보다는 소학교 학생 같았다. 젊어서는 빡센 외신기자 생활로, 중년에는 감옥살이로, 노년에는 투병생활로 고생시킨 터라 이제는 무조건 부인 말에 순종하기로 하셨단다. 놀랍게도 부인 윤영자 여사는 제주도 출신이었다. 어릴 때 고향을 떠나왔지만 여전히 자리젓 맛이 혀끝에 감돈다니, 천생 제주인이었다.

그날 이후 우리 십자매들은 일 년에 두어 차례씩 리선생님 부부와 만나는 자리를 마련했다. 한번은 임진각에 황복이 돌아오는 계절, 강화올레를 걷던 중 수백 마리 백로떼가 논밭에 모여들어 장관을 연출했다. 내가 너스레를 떨었다. "제가 십자매 모임에서 날씨, 구름, 새 같은 걸 배치하는 담당인데요, 오늘 선생님 부부를 모신다고 특별히 백로떼를 불러모았는데, 어찌 맘에 드시나요?"

선생님은 한술 더 뜨셨다. "암, 들고말고. 서선생, 어제 저녁 꽤 바빴겠어. 하늘에다 직통전화하느라고."

"놀멍 쉬멍 걸으멍은 있는데 마시멍은?"

2007년 여름, 걷는 길을 내러 고향 제주로 내려간다고 말씀드리자 선생님은 뜨거운 격려를 아끼지 않았다. "아조 대담한 발상이야. 산책이야말로 인간을 깊이 있게 만드는 위대한 행위지. 사람들이 아주 많이 행복해지겠는걸. 우리나라 사람들은 너무 앞만 보고 달려가는데, 걸으면서 생각도 하고 옆도 둘러보고 뒤도 돌아봐야 해. 이제 그럴 때가 되었어."

거기에는 본인의 체험이 절절하게 녹아 있었다. 강철체력을 자랑하던 선생님은 중풍으로 갑자기 쓰러져 오른쪽 마비 상태에 빠져 주위를 안타깝게 했다. 퇴원 이후 자택 근처 청계산을 한 발자국, 한 발자국 힘겹게 내딛기 시작했고, 눈물겨운 사투 끝에 오른손을 제외한 거의 모든 기능을 회복하는 놀라운 기적을 일궈냈다. 육체만 제2의 인생을 구가한 게 아니었다. 반독재 투쟁과 민주화 운동에 몰두하느라고 미처 살피지 못한 산하의 풍경, 작은 들꽃의 아름다움에도 눈을 돌리게 된 것이다.

전화로만 관심과 격려를 보내던 리선생님 부부가 올레길을 찾은 건 2008년 5월 '빅 마우스 행사' 때였다. 처음 만나뵐 때처럼 화사한 봄날이었다. 서귀포에는 분홍빛 철쭉과 연산홍, 눈처럼 하얀 감귤

꽃이 색채의 향연을 벌이는 중이었다.

　　　　7코스 시작점인 외돌개에서 출발한 선생님은 '한국에서 가장 아름다운 산책로'로 불리는 돔베낭길을 걸으면서 "야하, 좋다"를 연발했다. 주위에서 부축할라치면 매정하리만큼 거세게 도움의 손길을 뿌리쳤다. 맛난 과자를 남에게 빼앗길까 두려워하는 어린애처럼. 우리 일행은 선생님의 속도에 맞춰서 최저속으로 놀멍 쉬멍 걸으멍 하는 수밖에 없었다.

　　　　속골을 거쳐 수봉로로 올라가는 언덕에서 느닷없이 선생님이 물었다. "서선생 책에 '놀멍 쉬멍 걸으멍'이라고 썼던데, 올레길에서 '마시멍'은 없나? 공기가 원체 맑고 경치가 워낙 좋아서 말야." 선생님은 멋쩍은 웃음을 날렸다.

　　　　물새와 구름도 배치하는데 그깟 막걸리쯤이야. 핸드폰으로 탐사국장에게 우리의 위치를 알리고 막걸리와 적당한 안주를 공수해달라고 부탁했다. 선생님이 느릿느릿 발걸음을 떼어놓으면서 발아래 펼쳐지는 해안 풍광에 감탄하는 사이, 막중한 사명을 띤 탐사국장이 삐질삐질 땀을 흘리면서 나타났다.

　　　　"제주 막걸리라! 그럼 삼다수로 빚은 게 아닌가. 야하, 제주인들은 참 부자야. 남들은 돈 주고 사먹은 생수로 술을 빚으니."

　　　　쓰러지신 뒤 리선생님은 반가운 지인들과의 자리에서 한잔 술이 고작이었다. 그것도 사모님 눈치 봐가면서. 그날 공물해안을 굽어

보는 청라언덕에서 선생님은 석 잔이나 '폭음'을 하셨다. 기분이 거나해진 선생은 "이런 곳에서 여생을 보내는 건 어떨까, 당신 고향이기도 하잖아." 사모님께 넌지시 운을 뗐다.

그해 11월 『제주 걷기 여행』 출판기념회 때였다. 아침저녁으로 공기가 제법 쌉쌀해서 선생님을 초청할 엄두가 나지 않았다. 선생님은 사고 이후 추위를 심하게 타서 겨울이면 지인이 운영하는 발리의 휴양 리조트에 한동안 머물다 돌아오곤 했다. 그런데 십자매로부터 출판기념회 소식을 접하곤 잔치에 참가하시겠단다. 불감청이로되 고소원이었다.

7코스 시작점인 외돌개 솔숲에서 열린 출판기념회에서 선생은 잔치의 흥을 돋우는 역할을 톡톡히 해주셨다. 사회자 오한숙희가 선생님의 노래를 청하자 기다렸다는 듯 '갑돌이와 갑순이'를 춤사위까지 곁들여 멋들어지게 부르셨다. 모두들 존경하고 어려워하는 어르신이 분위기를 이끈 덕택에 출판기념회는 야외 노래방으로 돌변했다. 웃고 마시고 노래하고 솔바람을 즐기는 사이에 두둥실 보름달이 떠올랐고, 밤바다에 뜬 갈치배들은 불을 환하게 밝혔다. 아, 내 생애 가장 화려하고 아름다운 밤이었다.

쉬임없이 후학들을 지지, 고무, 격려해온 여신

여성학의 태두 이이효재 선생은 리영희 선생과 함께 내가 가장 존경하는 이 시대의 스승이다. 책은 즐겨 읽지만 학교는 싫어해서 강단에 서는 분들을 그닥 좋아하지 않지만, 두 분만큼은 다르다. 치열하게 연구하고 열심히 강의하면서도 역사의 현장, 삶의 현장에서 실천하는 '행동하는 지성인'이기 때문이다.

이화여대 교수로 오래 재직했던 선생님은 『조선조 가부장제 연구』라는 불후의 논문을 통해 한국 사회를 지배하는 가부장제의 연원과 작동 시스템을 섬세하게 판독해냈다. 가부장제의 쇠사슬에 칭칭 묶여 있던 이 땅의 여성들에게 해방의 열쇠를 쥐어준 것이다. 뿐만인가. 여성운동의 대모 역할을 하면서 수많은 여성운동가들을 길러낸 인큐베이터이기도 했다. 그녀가 없었더라면 이 나라의 호주제는 훨씬 더 길게 잔명을 보존했을 것이다.

책으로만 사숙하던 이이효재 선생님을 먼발치에서 처음 뵌 건 아마 90년대 초쯤이었던 것 같다. 여성단체가 주최하는 행사장에서였는데, 그분임을 한눈에 알아챘다. 여성운동가라면 흔히 딱딱하고 중성적인 투사의 이미지를 떠올리지만, 그분은 어찌나 패셔너블하고 근사한지. 그러면서도 남성 위주의 한국 사회에서 오랫동안 싸워온 아우라가 절로 느껴졌다. 나도 저렇게 나이 들고 싶다, 절로 생각이 들었다.

먼발치에서 짝사랑해온 이선생님과 인연이 닿은 것도 후배 오한숙희 덕분이었다. 그녀는 내 책 『제주 걷기 여행』을 출간 직후 자신의 은사이자 멘토에게 보내드렸는데, 이 책을 읽은 이선생님은 놀랍게도 내게 직접 전화를 주셔서 "정말 의미 있는 일을 해냈다. 여성이기에 더 자랑스럽다"고 격려해주셨다.

이화여대 제자인 숙희의 말에 따르면 이선생님은 여자 후배들을 쉬임없이 '지지 고무 격려 찬동' 하신단다(한때 그런 죄목이 있었는데!). 따뜻한 말로, 돈으로, 일감으로. 숙희가 이혼하고 발달지체 장애를 가진 딸을 키우면서 가장 노릇에 허덕이던 시절, 선생님이 큰돈도 내주시고 일거리도 마련해줬다. 그런 제자가 한둘이 아니라니 그야말로 '아낌없이 주는 나무' 같은 존재이다. 헌데 그분의 그늘이 사제의 연을 맺은 제자도, 여성운동가도 아닌 내게까지 드리울 줄이야.

여신의 섬과 여성학 대모의 안타까운 사랑

얼마 뒤에 이선생님이 이사장으로 재직 중인 '마산 기적의 도서관' 측이 내게 올레에 관한 특강을 부탁해왔다. 마산이라면 제주에서 직항하는 비행기도 없는 불편한 지역이지만, 냉큼 수락했다. 마산 기적의 도서관은 정년퇴직 후 지방의 문화적 뿌리가 튼튼해야 한다면

서 군이 고향 진해로 내려간 선생의 열렬한 소망으로 건립된 곳이었으니, 어찌 마다하랴.

마산을 찾으면서도 나는 이선생님을 직접 뵐 수 있으리라는 기대는 하지 않았다. 그즈음 갑자기 건강이 나빠지셔서 바깥 외출을 삼간다는 소식을 전해 들은 터였다. 그런데 웬걸. 기적의 도서관 입구에서 선생님은 나를 기다리고 있었다. "직접 이야기를 듣고 싶어서 좀 무리해서 나왔어요."

후덜덜, 온몸이 사시나무 떨듯 떨려왔다. 아마추어 강사인 주제에 대한민국 최고 지성이자 수십 년간 강단에 서온 선생님 앞에서 특강을 해야 하다니! 이선생님은 강의가 시작되자 도서관 자원봉사자인 젊은 엄마들 사이에 끼어 앉으셨다. 후배에게 기운을 불어넣기 선수라는 그녀다운 따뜻한 몸짓이었다.

특강 후에 이어진 점심식사 자리에서 선생님은 '진해올레' 이야기를 꺼냈다. 요즘은 건강 때문에 외출을 삼가고 있지만 지방에 내려와 살면서 누리는 가장 큰 호사는 자연을 거니는 것이었다고, 날마다 산책 다니는 루트가 있는데 잘만 연결하면 꽤 아기자기한 진해올레를 낼 수 있을 거라고, 제주올레의 풍광은 못 따라가도 이곳 주민들에게 걷는 즐거움을 퍼뜨릴 순 있을 거라고, 도서관 자원봉사자들로 팀을 꾸려서 길을 탐사하고 가이드북도 펴내자고. 팔순을 넘긴 나이인데도 푸르른 희망에 얼굴이 상기된 선생님이 어찌나 아름답던지.

몇 달 뒤 이선생님은 함께 사는 수양딸을 데리고 제주에 내려오셨다. 진해올레를 만들려면 직접 봐야 한다면서. '여신의 섬' 제주를 평소에도 흠모했다는 선생님은 제주의 속살을 보여주는 올레에 놀라움과 찬탄을 연발했다.

"어찌 이리도 아름다울까. 모든 풍광이 참으로 여성적이야. 여성적인 에너지는 사람을 보듬고 어루만지고 치유하는 법이지."

올레길을 낸 덕에 길에서 듣게 된 생생한 여성학 특강이었다.

제주를 떠나기 전 선생님은 깜짝 발언으로 내 가슴을 뛰게 만들었다. 설문대할망의 섬 제주에 내려와서 여생을 보내고 이곳에서 잠들고 싶다고. 시신은 제주대병원에 기증하겠다는 말까지 덧붙이셨다. 와우, 대박이다! 여성들이 강인한 생활력으로 주체적인 삶을 개척해온 제주섬에 여성학의 대모가 내려와 정착한다면 이 얼마나 근사한 일인가. 나는 얼른 말씀드렸다. "리영희 선생님도 제주로 내려오고 싶으시대요." 선생님은 펄쩍 뛰었다. "그분은 마초야. 제주엔 안 어울린다고. 다른 데 사시라고 말씀드려."

뭐, 제주도도 생각보다 넓으니까 한 분은 동쪽에, 한 분은 서쪽에 사시면 되죠.

2010년 4월, 이선생님은 다시 제주를 찾았다. 몸이 더 쇠약해져서 걷지는 못하지만, (사)제주올레 사무국이라도 들르고 싶으시단

다. 올레 6코스 중간에 있는 사무국 건물(건축가 김중업 작품) 앞에 선 선생님은 "대한민국 최고의 명당에 자리 잡았구만" 흡족해하셨다. 이곳 바다의 물빛은 서양화가들이 가장 사랑한다는 아이스블루빛. 그 바다를 내려다보면서 선생님은 서글픈 표정으로 말씀하셨다. "꼭 제주에 내려와 살고 싶었는데, 몸이 말을 안 들으니 거처를 옮길 자신이 없어졌어. 괜히 주위 사람들 번거롭게 하는 것도 싫고."

간절하게 원하면서도 맺지 못하는 사랑도 있다. 때를 놓치거나 인연이 어긋나버린. 여신의 땅 제주와 여성학의 대모 이선생님도 너무 늦게서야 만난 것일까. 며칠 뒤, 사무국으로 한 통의 엽서가 날아들었다.

"서명숙 선생. 깜짝 상봉의 즐거움이 사진으로 남았군요. 올레 여왕의 즐거움을 함께 누릴 수 있었어요. 봄기운의 생동감을 만끽하였어요.
이이효재."

변방에서 나어린 후배가 큰일을 무모하게 벌여놓고 행여 힘들고 지쳐할까봐 '올레 여왕'으로 치켜세우는 대선배의 넉넉한 인품에 또다시 감동했다.

리영희 선생님과 이이효재 선생님. 불의한 시대의 거센 강물을 거슬러 오르느라, 가부장적 사회의 견고한 그물망을 뚫느라, 몸과 마음을 소진한 두 스승이 노년에 병마와 노환에 시달리는 현실이 못내 안타깝다. 부디 두 분이 건강을 회복해서 나란히 올레길을 걸을 봄날이 다시 오기를. 그 길 위에서 마초 논쟁을 함 벌여보시기를.

제주에
마음을 뺏긴
작가 조정래

조정래 선생이 쓴 『태백산맥』을 읽은 건 청춘의 터널을 막 통과할 무렵이었다. 치열한 역사의식, 엄청난 스케일, 치밀한 취재, 수많은 인물과 사건을 촘촘히 엮어내는 구성력, 마음의 현을 울리는 섬세한 문장. 대가는 역시 다르구나, 마음으로 무릎을 꿇었다.

조선생을 처음 뵌 것은 90년대 중반, 서울 시내 한 호텔의 지하 바에서였다. 집필 중에는 외출을 삼가고 '황홀한 글감옥'에 갇혀 원고 노동자처럼 일한다는 그가 몇 달 만에 감옥에서 나와서 후배 김훈과 갖는 술자리였다. 두 사람은 당대 최고의 작가와 최고의 문학평론가(『칼의 노래』의 김훈이 작가로 데뷔하기 이전이었다)로 교분이 두터운지라 격의 없는 분위기였다. 군대에 간 외아들이 독재정권에 찍힌 아버지 때문에 마음고생을 혹독하게 치른 과거사를 돌이키면서 '그들을 아직도 용서할 수 없다'기에 난 깊은 슬픔과 공감을 느꼈다.

고향에 내려와서 올레길을 준비할 무렵, 한 조간신문에 실린 조선생의 칼럼을 우연히 접하곤 전율을 느꼈다. 내용인즉 구상하던 대하소설을 다 쓰고 나면 부인(시인 김초혜)과 손을 잡고 나라 구석구석을 걸어다니고 싶은데, 전 국토가 죄다 아스팔트로 덮이고 걸핏하면 공사판이 벌어져서 그 꿈을 이룰 수 없을 것 같아 너무나도 슬프다는 것. 아, 절절한 심경으로 길을 기다리는 사람이 있구나. 선생님, 제가 변방에서 그런 길을 준비하고 있답니다.

벅찬 꿈을 안고 고향 제주에 내려왔지만, 사람들을 만날수록 소금에 절인 배추처럼 풀이 죽어가던 시절이었다. '오 년 뒤, 십 년 뒤에나 빛을 볼 일'이라는 전문가의 조언은 그나마 나은 축이었다. '비싼 비행기 타고 제주까지 걸으러 오겠어?'라는 반응이 대부분이었다. 내가 진짜 미친 짓을 벌이는 건 아닐까, 회의와 함께 지독한 외로움에 시달리던 차에 '사람이 사람답게 걸을 수 있는 길'을 열망하는 이가 있기에, 그이가 시대를 꿰뚫는 혜안을 가진 대작가이기에 큰 위안을 느꼈다. 선생의 칼럼은 전의를 상실하고 비틀거리는 내게 흔들어준 응원의 깃발이었다. 올레길이 열리면 선생 부부를 꼭 초대해야지, 결심했다.

아쉽지만 오늘은 퇴각할랍니다

개장 일 년여 만에 용기를 내서 선생님께 편지를 썼다. 고향에 내려와서 선생이 그토록 바라는 걷는 길을 내고 있노라고, 한번 내려와서 걸어주신다면 더없는 기쁨이겠노라고. 놀랍게도 며칠 뒤 원고지에 친필로 꾹꾹 눌러쓴 편지가 날아왔다. 참으로 의미 있는 일을 하고 있다고, 불원간 꼭 걸으러 오겠노라고.

마침내 2008년 10코스(화순-하모리) 개장행사에 참석하기 위해 조선생은 김초혜 선생과 제주로 내려왔다. 줄창 내리던 비가 개면서 날씨는 화창했고 하늘은 푸르렀다. 흐리면 흐린 대로, 비 오면 비 오는 대로 색다른 맛을 풍기는 올레길이지만, 용머리 해안과 사계 바닷가를 끼고 도는 해안길이 명품인 10코스는 맑은 날이 제격이다. 오늘 용머리는 얼마나 장엄한 위용을 과시할 것이며, 사계의 물빛은 얼마나 맑고 투명할 것인가.

 이미 수많은 올레꾼들이 출발점인 화순 선주협회 마당을 꽉 메우고 있었다. 선생은 행사 진행자의 소개가 끝나자 소형 마이크를 넘겨받고 말씀을 시작하셨다. 인류의 최고 발명품이 직립보행이며, 걷기야말로 인간을 사색하고 성찰하게 만드는 최고의 명상 수단임을 선생은 강조했다. 우레와 같은 박수소리가 터져 나왔다. 올레꾼들은 조선생의 책을 갖고 와서 사인을 청하고 인증샷을 찍느라고 난리법석이었다.

 인파가 얼추 행사장을 빠져나가자 조선생이 나지막이 말씀하셨다. "아무에게도 말하지 마세요. 저 오늘 여기서 퇴각할랍니다. 도저히 못 걷겠어요."

 깜짝 놀랐다. 아니, 걸으러 내려오신 분이 안 걸으시겠다니? 우리가 뭐 맘 상하게 해드린 거라도 있나? 가슴이 쿵 내려앉았다. "실은 오늘 새벽에 호텔 정원을 산책하다가 젖은 낙엽에 미끄러졌는데 안 넘어지려고 버티다가 가슴을 다치고 말았어요. 병원에 가서 엑스레이를 찍어봐야겠어요. 아내는 병원부터 가야 한다고 펄펄 뛰는데, 약속했으니 얼굴은 비쳐야 할 것 같아서……."

그래서 연설 내내 가슴을 부여잡고 계셨구나. 큰 사고를 당하고서도 작은 약속을 지킨 선생의 인품에 고개가 절로 수그러들었다.

"제주도청 정신 차리시오!" 대작가의 일갈

그때의 미안함과 아쉬움이 짙게 남아, 이듬해 '허니문 올레' 때 다시 두 분을 초청했다. 안정적인 학교 선생 자리를 때려치우고 굶어 죽기 십상이라는 전업 작가가 되어 소설을 쓰면서 부인에게도 살림보다는 시에 정진하도록 권유한 남자. 그 남자를 평생 격려하면서 자신의 시 세계도 독자적으로 구축한 그의 반려자. 스스로 끊임없이 성장하면서 상대방의 세계를 인정하고 격려해온 부부만큼 '어게인 허니문 올레'에 어울리는 커플이 어디 있으랴. 다행히 김초혜 선생이 더 제주에 가고 싶어한다면서 선선히 응낙하셨다.

헌데 당일 아침 조선생이 황급한 목소리로 전화를 거셨다. 출발을 앞두고 설레하며 가방까지 미리 꾸려놓고 아침식사를 하던 부인이 갑자기 구토 증세를 보여 병원으로 실려갔다면서, 약속을 지켜야 할 것 같아서 혼자라도 내려오신단다. 문단에서 인정하는 잉꼬부부를 아픈 중에 떼어놓다니, 그것도 '허니문 올레' 행사 때문에. 얄궂은 일이었다.

　　그럼에도 조선생은 1박 2일 내내 모든 일정을 즐겁게 소화했다. 올레 3코스에 있는 통오름에 올라 인공이 전혀 가미되지 않은 순정한 주변 풍광에 감탄에 감탄을 거듭했다. "이렇게 손대지 않은 순수한 자연을 보여줘야지. 이게 제주의 경쟁력이고 핵심 자산이에요." 혼인지에서 거행된 전통 혼례식에서는 하객 대표로 덕담도 한마디 해주셨다.

　　다시는 폐를 끼치지 말아야지, 결심했지만 몇 달 지나지 않아서 또 조선생께 부탁해야 하는 일이 생겼다. 비양도 케이블카 때문이었다. 제주 북서부 지역에 대규모 골프장과 리조트를 가진 L기업이, 협제해수욕장과 비양도 사이를 잇는 케이블카를 설치하려는 사업계획서를 제주도청에 제출하여 건축위원회 심의를 통과했다는 보도가 터져 나왔다. 비양도는 한림과 협제, 금릉의 옥빛 바다 위에 보아뱀 같은 형상으로 떠 있는 환상의 섬, 고려 목종 때 폭발했다는 기록이 전해지는 가장 어린 천 년의 섬. 이 천상의 해안 경관에 높이 57미터에 이르는 쇠기둥을 박고 케이블을 연결하는 미친 짓을 하다니.

　　오랜만에 왕년의 별명처럼 '뚜껑'이 열린 나는 인터넷신문 〈제주의 소리〉에 전화를 걸어 릴레이 칼럼을 제안했다. '한반도 막둥이섬에 쇠말뚝을 박다니'라는 칼럼을 쓰고 난 뒤에 조선생께 전화를 드렸다. 자초지종을 말씀드렸더니 참으로 어리석은 짓을 벌인다고 장

탄식하면서, 올레길에 반해서 제주로 이주할까 했는데 다시 생각해봐야겠단다.

　　보름 뒤, 선생은 칼럼을 보내왔다. '제주도청은 정신 차려라'라는 직설적인 제목의 칼럼에서 선생은 '아시아 최대의 케이블카라니, 아시아 최대의 환경파괴다'라고 일갈했다. 제주의 자연이 온전히 보전되어야만 제주만의 매력을 살릴 수 있다는 절절한 조언을 곁들여서. 2010년 5월 제주도의회 환경노동위원회는 비양도 케이블카 안건 상정을 아예 보류했다. 환경평가 등에서 심의 요건을 충족시키지 못했다는 이유에서였다.

　　『태백산맥』의 작가에게 느꼈던 독자로서의 감동은, 올레에서의 인연으로 인간적인 감동으로 확장되었다. 그는 약속을 쉽게 하지 않되 한번 한 약속은 반드시 지키는 작가, 책 속의 글과 바깥의 삶이 일치하는 작가였다.

여자들은 왜 올레를 찾는가

여신 중의 여신 설문대할망이 여자들을 끌어들이는 걸까. 자신의 노동으로 아름다운 섬을 만들고 오백 장군을 길러낸 그녀가 여자들의 영혼을 흔들어 깨워서 길로 불러낸 것일까. 제주올레길에는 유난히 여자들이 많다. 시간이 흐르면서 남자 비율이 점점 높아지고는 있지만 2010년 5월에 발표된 제주관광공사의 설문조사에 따르면 올레꾼 중 여성이 전체의 51퍼센트를 차지한다. 시어머니와 며느리, 여고 동창생, 직장 동료, 시누이와 올케, 동네 친목회 등 갖가지 다양한 조합이 있지만, 대부분은 혼자 떠나온 여자들이다.

용감하게 길을 나선 여자들이 이전에도 없었던 건 아니다. 세계를 걸어서 두 바퀴 반이나 돌고 난 뒤에 월드비전의 난민 긴급구호 활동에 뛰어든 한비야가 그러했고, 소심하고 까탈스럽다면서도 전 국토를 걷고 난 뒤에 산티아고 길과 시코쿠 길을 걸은 김남희가 그랬다. 박세리의 맹활약을 지켜본 '박세리 키즈'가 잇따라서 골프에 투신했듯, '한비야 키즈'들은 지구 밖으로 행군을 시작했다.

"이십이 년 만에 혼자, 여행 떠나요"

그러기에 올레길을 내기 전만 해도 여자 혼자, 여자들끼리 여행을 떠나는 건 놀라운 일도, 신기한 일도 아니라고 생각했다. 하지만 그건 엄청난 오해였고, 섣부른 착각이었다. 올레 홈페이지에 올라오는 여자들의 글은 대부분 '혼자 여행 가려니 너무도 두렵고 마음 설레네요'로 시작되었다. 십 년, 십오 년 만에, 심지어는 이십이 년 만에 혼자 집을 떠나본다는 여성도 있었다.

길에서 마주친 여자들은 한결같이 말했다. "떠나올 때는 두려웠는데 와보니 오기를 너무 잘했다는 생각이 들어요." 여고 동창생이라는 중년 여성 다섯 명은 하도 소녀들처럼 즐거워하길래 뭐가 가장 좋으냐고 물었더니 "아침저녁 밥 직접 안 해도 되는 거요"라고 합창하듯

소리쳤다. 가족여행 때는 한 푼이라도 아끼려고 콘도에서 직접 지어먹었단다.

나는 비로소 알게 되었다. '여성의 발언권이 너무 세졌다' 는 21세기 한국에서 아직도 여자와 남자, 어머니와 자녀들이 독립된 개인으로 만나지 못했음을. 이토록 여행에 고픈 여자들이 많았음을. 소금에 절여진 배추처럼 일상에서 자기 결정권을 행사하지 못하고 있음을.

여행은 자아를 발견하고 세상과 만나는 통로다. 여자들이 혼자 길을 나서기를 두려워하는 건 정신적인 독립을 주저하는 것이나 다름없다. 부인 혹은 애인의 '나 홀로 여행'을 반대하는 남편이나 남자친구는 그 여성의 독립성을 인정하기 싫어하는 것이다. 오랜 세월 혼자 떠나기를 주저했던 여성들이 왜, 무엇 때문에 올레길을 찾는 것일까. 어떻게 용기를 낸 것일까.

삼십대 초반 여성 A. 직장에서 상사와 동료들의 치사하고 이기적인 처신을 너무나 많이 보았노라고, 그렇게 되기는 싫었노라고, 직장을 관둬야 할지 말지 걸으면서 생각을 정리하고 싶었단다. 사십대 초반 여성 B는 말했다. 미혼시절에는 전국 방방곡곡 혼자서 안 돌아다닌 데가 없는데 결혼하고 애 낳고 살다 보니 언감생심 꿈도 못 꾸었노라고, 이러다간 완전히 '날개옷 잃어버린 선녀'가 되겠다 싶어 용단을 내렸단다. 오십대 초반 여성 C. 알코올 중독 남편에게 이십팔 년간 평생 맞으면서 살아왔는데 더이상은 스스로를 모욕하기 싫었노라고, 남편에게 진심으로 반성할 시간을 주고 남편의 폭력에 맞설 용기를 얻기 위해 떠나왔단다. 오십대 중반의 여성 D. 어려서는 부모한테, 결혼해서는 남편한테, 아이가 크면서는 아이에게 맞춰서 살았다고, 남편도 자상하고 아이들도 잘 자랐고 살 만큼 사는데도 언젠가부터 너무 헛헛하고 인생에 회의가 들더라고, 어느 날 텔레비전 프로그램에서 올레길이 나오자 더 늦기 전에 자신을 돌아보고 싶더란다.

이젠 나를 위해 살고 싶어요

2010년 5월 말께, 두 번째 책 집필을 위해 스스로를 가둔 '황홀한 글감옥'에서 탈옥한 나는 친구가 운영하는 찜질방에 들렀다. 옆자리의 여자가 내게 물었다. "혹시 올레길 가려면 어떻게 해야 하는지 아십니까?" 한국말이지만 일본어 억양이 역력했다. "일본인이세요?" "아닙니다. 재일교포입니다."

한국 이름 김미자. 그녀의 고향은 올레 1-1코스가 있는 제주도 우도란다. 우도 출신인 그녀의 부모는 먼 일가친척을 따라 밀항하여 일본 오사카에 정착했고, 일본이 2차 세계대전에서 패망한 1945년에 장녀인 그녀가 태어났다. "두 분은 평생 고향 우도 바다를 그리워했습니다. 우도 바다가 굽어 보이는 곳에 묻어달라고 유언을 남겼는데,

ⓒ강길순

지난해에야 유언을 받들었습니다. 일 년 만에 묘소를 둘러보려고 다시 찾았습니다."

전날 우도 올레길을 잠깐 걸었는데 오늘은 서귀포 쪽을 걷고 싶다길래, 어떻게 제주올레를 알게 되었느냐고 물었다. 우연히 텔레비전 방송에서 봤단다.

"사십오 년 동안 오사카 번화가에서 아버님이 물려준 옷가게를 운영했습니다. 하루도 못 쉬고 오로지 일만 했습니다. 요 몇 년 동안은 서울에서 절반, 오사카에서 절반 살았지요. 이제 사업도 기반을 잡았고 남편은 세상을 떠났고 자식 다섯도 다 결혼을 시켰습니다. 내년이면 은퇴하고 가게를 딸과 사위에게 물려줄 계획입니다. 스무 살 때부터 배낭여행이 꿈이었지만 한 번도 못 해봤습니다. 은퇴하면 혼자 배낭 메고 제 조국 대한민국을 돌아다닐 겁니다. 먼저 제주올레부터 다 걸어봐야지요. 자식들을 위해 살았으니 이젠 나를 위해서 살고 싶습니다."

해방둥이라면 그녀 나이는 만 예순다섯. 그러나 처음 만난 내게 '인생 2막'의 꿈을 들려주는 그녀의 표정은 수학여행을 앞둔 소녀 같았다. 배낭을 다부지게 둘러메고 찜질방을 나서는 그녀, 김미자. 가깝고도 먼 나라 일본에서 그녀가 짊어졌던 삶의 무게가 얼마나 버거웠을까. 그 짐을 내려놓고 자아를 찾아 떠나는 그녀의 여행길에 고향의 여신 설문대할망이 함께 하리라.

　길을 나서기 전에 여자는 남자보다 두려움도, 망설임도, 걱정도 많다. 그러나 정작 발걸음을 떼어놓는 순간, 여자들은 낯선 여행지 낯선 길에서 벌어지는 예측불허의 상황에 놀라우리만치 잘 적응한다. 계급장과 완장의 힘에 기대지 않고, 인간적으로 소통하는 데 익숙한 여자들은 혼자서도 밥을 잘 먹고, 길동무도 빨리 사귄다.
　그대, 떠나기를 두려워 말라. 바람에 걸리지 않는 무소의 뿔처럼 홀로 떠나라. 바람이 그대의 친구가 되고, 들꽃이 그대의 연인이 되어주리니. 떠난 자만이 목적지에 이르는 법이다.

올레스토리 3

올레답게,
올레스럽게,
올레 스피릿!

서귀포 시내를 어슬렁거리는 즐거움

추위가 채 가시지 않은 2월 하순,
중문에서 서귀포 시내로 집을 옮겼다.

서귀포……. 올레길을 내러 삼십여 년 만에 제주도로 내려오면서도 일부러 그곳을 피했다. 그 공간의 추억에 빠져들 여유도, 관계에 얽매일 시간도 내겐 없었다. 오로지 길을 내는 일에 집중하기 위해 일부러 아는 사람 없는 중문 대포동의 한 빌라에 전세를 얻었다.

이제 제법 시간이 흘렀고, 서귀포로 돌아가도 될 때라는 판단이 들었다. 열다섯에 떠난 고향을 쉰셋이 되어, 서울에서 내려온 아들과 더불어 돌아가는 심정은 '기대 반 두려움 반'이었다. 마음속에 오롯이 자리 잡은 고향을 다시 잃게 될까, 온전히 찾게 될까.

뜻밖의 대박 보너스, 정모시 공원

지은 지 이십 년이 되어가는 정방동의 낡은 서민 아파트는 내 마음을 단번에 사로잡았다. 번잡하지 않은 구도심권에서도 큰 도로변이 아닌 조그마한 골목에 숨어 있었다. 아파트 입구에서 일이 분만 걸어 내려가면 왼쪽으로는 정방폭포로, 오른쪽으로는 서귀포항과 천지연으로 연결되니 이보다 좋을 수는 없었다.

이사를 하고 나서야 이 아파트에 엄청난 보너스가 딸려 있음을 알게 되었다. 이사 소식을 전해 들은 서귀포 토박이가 아파트 뒷길로 빠지면 '정모시 공원'이 나온다고 일러주었다. 궁금해서 견딜 수가 없었다. 이삿짐을 얼추 풀고 난 뒤, 오시록한 돌담길을 끼고 몇 미터나 걸어 내려갔을까. 맑은 물이 퐁퐁 솟아나는 용천수 주변에 잘 가꿔진 공원이 '짜잔' 하고 나타난다. 아취형 나무다리와 돌다리까지, 구색을 골고루 갖추었다.

공원의 아취를 더하는 건 긴긴 세월을 견뎌낸 아름드리 소나무, 벚나무 군락이다. 잘생긴 나무들의 호위를 받으면서, 정방폭포의 수원(水源)인 용천수는 저 멀리 태평양 바다를 향해 달려간다. 맑은 물에는 피라미만 한 은어들이 유유히 헤엄친다. 광화문 저잣거리에서 일하던 시절, 점심을 후다닥 먹어치우고 잠시나마 숨통을 틔우려고 산책했던 청계천. 물고기들이 쉴 곳도, 여울도 없던 '콘크리트 인공 수조'와는 견줄 바가 아니다. '와우, 이거 완전 대박일세!'

이후로는 틈날 때마다 정모시 공원을 한 바퀴 돌고 온다. 동이 트기도 전 새벽 검푸른빛 속에서 흐르는 물소리에 하염없이 마음을 적시거나, 한밤중 꽃등처럼 화사하게 핀 제주 왕벚꽃을 넋 놓고 쳐다본다. 찾는 사람이 거의 없으니, 화사한 봄날의 정원은 온통 내 차지다. '어느 재벌이 아름드리 소나무, 벚나무, 용천수를 다 갖춘 정원을 가질 수 있겠냐구. 있으면 나와보라구 해!'

가진 게 아무리 많아도 누리지 못하고 즐기지 않으면 무슨 소용이랴. 제주에 땅 한 평 없지만 이 아름다운 정모시 공원을 날마다 산책하는 나야말로 진짜 부자다.

자구리에만 가면 마음에 물기가 서리고

　　오래 걷고 싶을 땐 큰길로 나가 서복 공원에서 오른쪽 서귀포항으로 발길을 옮긴다. 도중에 어린 시절 추억이 켜켜이 쌓인 자구리를 그냥 지나치면 뭔가 빼먹은 듯 허전하다. 외지인에게는 거의 알려지지 않고, 방향 때문에 올레 코스에는 포함시키지 못했지만, 서귀포 토박이들에게는 가장 정겨운 곳 자구리 해안!
　　매일시장 우리집 골목 어귀에 서서 자구리 도살장으로 향하는 소를 실은 달구지를 지켜본 기억이 난다. 자기 운명을 눈치챘던 것일까. 소들은 큰 눈을 껌뻑거리며 구슬프게 울곤 했다. 지금은 도축장 시설이 발달하면서 사라졌지만, 당시 용천수와 바닷물이 함께 흐르는 자구리는 돼지나 소를 도살해 처리하기에 안성맞춤이었다.
　　한쪽에서는 도살장에서 소가 죽어나가고, 반대편에서는 동네 아낙들이 펑펑 솟는 용천수에 빨래를 했다. 그네들은 빨래방망이를 탕탕 두드리면서 팍팍하고 고달픈 삶, 꼴 보기 싫은 서방, 죽어라고 말 안 듣는 자식새끼를 향한 고통과 분노를 삭였으리. 맑은 물에 빨래를 헹구면서 시름과 고달픔도 물 위에 띄워 보냈으리.
　　치열한 삶의 현장은 어린 우리들에게는 즐거운 놀이터였다. 여름 자구리는 서귀포 아이들의 무료 야외 수영장이었다. 중문, 화순 해수욕장과는 달리 모래사장이 없어서 관광객은 찾지 않는 비공식 해

ⓒ현대카드 제공(사진가 민희기)

수욕장이었다. 자구리가 있기에 아이들은 늘 여름을 기다렸고, 여름을 견뎌낼 에너지를 이곳에서 충전했다. 자맥질하고, 고메기를 잡고, 검정 고무 튜브를 타고, 갯바위에 옷을 말리면서.

도살장과 굿당만 없어졌을 뿐, 자구리의 풍경은 여전하다. 서귀포 칠십리 해안 실루엣이 기깅 완벽하게 완성되는 이곳. 아낙들이 빨래하던 터도, 개구쟁이들이 젖은 몸을 말리던 기차바위도, 중고교 오빠들이 다이빙을 하던 소낭머리도, 정방폭포의 주상절리 절벽과 섬세한 자태를 자랑하는 섶섬도. 초등학교 시절 지겹도록 그려댔던 그 구도, 그대로다.

물장구치던 아이들, 수다 떨며 빨래하던 아낙들은 어디로 사라진 걸까. 제주시 집중화 현상이 심화되면서 서귀포 인구는 몇 년 전부터 줄어들기 시작했다. 그마저도 새로 형성된 신도심인 북쪽이나 신시가지로 이동하면서 한때 서귀포의 중심이던 솔동산과 자구리 주변은 적막하기 이를 데 없다. 도심의 아이들은 이곳 자구리 해안을 더이상 찾지 않는다. 무념무상으로 산책을 즐기기엔 추억의 지층이 너무도 두터운 걸까. 이곳에 서면 '그 시절 그 동무'들이 그리워서 마음에 물기가 서린다.

서귀포항에 새겨진 비극의 눈물, 남영호 사건

자구리에서 조금만 더 내려가면 서귀포항이다. 이곳을 항구라고 부르는 건 멋쩍다. 화물선만 부정기적으로 정박할 뿐, 어선이 대부분이다. 포구라고 불러야 제격일 듯싶다. 하지만 예전에는 어엿한 항구였다. 5, 60년대 대중 가요의 모티브로 등장할 만큼 사연도 제법 번성했던 서귀포항에는 부산과 목포로 떠나는 남영호, 유성호, 해연호 등 크고 작은 정기 여객선이 드나들었다. 항구에는 육지로 떠나는 가족을 배웅하러, 육지에서 오는 손님을 맞으러 나온 사람들로 늘 북적였다. 뭍과 섬의 간극이 워낙 컸기에, 아쉬운 이별과 반가운 상봉으로 항구는 늘 슬픔과 기쁨이 뒤섞인 채 달떠 있었다. 단발머리 소녀는 항구가 뿜어내는 묘한 생기에 매료되어 하릴없이 부둣가를 서성이곤 했다.

수많은 이들이 한꺼번에 내지르는 통곡소리로 서귀포항이 뒤덮인 적이 있다. 1970년 12월 14일 오후 4시, 연말 대목을 맞아 한꺼번에 몰린 승객들과 제철을 만난 감귤 궤짝을 싣고 서귀포항을 떠난 대형 여객선 남영호가 이튿날 새벽 1시 50분경 침몰한 것이다. 모두들 잠든 밤바다에서 불시에 일어난 사고여서 승객 중 323명이 죽거나 실종되었다.

지금도 선연히 기억한다. 사고가 터진 12월 15일을. 담임선

©강민아

생님이 헐레벌떡 들어와서 몇몇 아이들의 이름을 부르더니 빨리 집으로 가보라고 했다. 남영호가 뒤집혔다면서. 호명된 아이들은 허둥지둥 집으로 달려갔다. 거적에 덮인 시신들이 서귀포항에 즐비했다. 젊은이들은 육지 공장으로 돈 벌러, 상인들은 대목을 앞두고 부산에 물건 떼러, 장병들은 휴가를 마치고 귀대하던 길이었다는 안타까운 사연들만 남긴 채.

　　　　시신조차 못 찾은 실종자 가족들은 항구에서 발을 동동 굴러댔다. 그중에는 일본 해역까지 흘러들어 갔다가 며칠 만에 기적적으로 일본 어선에 구조된 경우도 있었다. 시신이 물에 퉁퉁 불어 알아보기 힘들다, 사나운 상어 이빨에 찢겨 눈 뜨고는 차마 볼 수 없다, 사체 허리에 감긴 전대에 돈다발이 그득했지만 다 젖어서 못쓰게 됐다더라, 갖가지 풍문이 나돌았다. 그때 호명됐던 친구들은 고아나 홀어멍, 홀아방 자식이 되거나 새아버지, 새어머니와 살게 되었다. 이 비극적인 '남영호 사건'을 노래한 대중가요는 발매 즉시 당국에 의해 판금되었다.

　　　　지금 항구에는 대형참사의 흔적을 찾아보기 힘들다. 대한민국 100대 인재사고 중 하나, 역대 선박사고 중 두 번째로 많은 사망자가 생긴 사건, 한 지역사회에 씻을 수 없는 상처를 남긴 참사였는데도 그 흔한 위령비조차 없다. 1982년 항구 확장 공사로 상효동 돈내코 근처로 옮겨졌단다. 여객선이 드나들던 자리에는, 서귀포 바다 전경의 아름다움을 완성해주는 새섬을 온통 가린 채 철문으로 꽁꽁 닫힌 해군 311 편대가 들어서 있다. 역사가 증언하지 않는 남영호 사건은 인간의 부실한 기억력 속에서만 희미하게 존재할 뿐.

서귀포항에 들를 때마다 나는 상상한다. 아름다운 항구의 전경을 가리는 철문이 걷히고, 여객선이 취항해서 항구의 상봉과 이별을 다시 보게 되는 그날을. 그날이 오면 육지의, 외국의 올레꾼들이 굳이 제주공항이나 제주부두를 거치지 않고 서귀포항으로 들어오게 되리라. 한라산 발치에 엎드린 이 미항에 닿는 순간, 서귀포와 사랑에 빠져 그 치명적인 매력에 무릎을 꿇게 되리라.

상상에 빠져 걷다 보면 이내 서귀포 수협 앞이다. 안쪽으로 들어가면 수협 공판장. 새벽 경매시장에 넘길 생선을 싣고 들어온 어선들이 항구에 즐비하다. 펄럭이는 알록달록한 깃발 아래 팔뚝 굵은 뱃사람들은 거친 농담을 주고받으며 담배를 나눠 핀다. 공판장에서는 경매가 한창이다. 고무장화를 신은 제주 아주망들이 싱싱한 갈치와 고등어, 옥도미의 선도를 유지할 얼음을 밀차에 싣고 돌아다닌다.

팬시리 공판장 구석구석을 이리 채이고 저리 부딪치며 누비고 다니다가, 돌아서 나오는 길에 입구의 좌판 아주망에게 싱싱한 갈치 파치(머리를 떼내버린 B급 갈치)를 흥정 끝에 사고야 만다. 그냥 갈치 값의 절반이지만, 싱싱하기는 매마찬가지다.

  서귀포에 사는 즐거움의 절반은 서귀포 시내를 슬슬 돌아다니는 일이다. 올레꾼들은 어쩌다 큰맘 먹고 찾는 서귀포지만, 난 이곳에서 산다. 어릴 적에는 부모 인연으로 살았지만, 지금은 스스로 선택해서 살고 있기에 서귀포가 더 사랑스럽다.

손빨래
명상의
즐거움

새로 이사 온, 지은 지 십구 년째라는 서귀포 시내의 아파트는 처음 본 순간 마음에 쏙 들었다. 획일적으로 거실만 넓은 요즘 아파트와는 달리, 꺾어지는 골목이 많아 오밀조밀한 공간이 많기 때문이다. 건축가 김진애 선배가 늘 말하기를, 숨을 곳이 많아야 좋은 집이란다. 추억을 만들기 좋기 때문이다. 이 아파트가 딱 그랬다. 평수가 그리 넓지 않은데도 베란다와 발코니가 세 군데나 있었다. 아, 바람과 햇볕 들이기 좋겠구나. 화분도 가꾸고, 빨래도 널고, 해바라기도 해야지.

더 재미난 건 부엌과 베란다 사이의 '빨래터 공간'이었다. 손빨래할 때 빨랫감을 비비는 '팡돌'까지 놓여 있었다. 마치 자구리 빨래터처럼. 함께 집을 둘러보던 언니는 "여기에 세탁기 놓으면 되겠네" 단칼에 판정을 내렸지만 난 즉각 반박했다. "아니, 세탁기 안 들일 거야. 팡돌도 있는데 이참에 손빨래 하지 뭐." 팡돌을 보는 순간 즉흥적으로 떠올린 생각이었다.

텔레비전을 함께 살던 후배들에게 줘버리고 다시 사지 않겠다는 말에 흥분했던 언니는, 세탁기마저 사지 않겠다고 하자 드디어 폭발했다. "제발 경하지 말라게, 놈의 대동헹 살라게(제발 그렇게 하지 말아라. 남들 비슷하게 살아라)."

어릴 때부터 딜렁거리고 어병한 동생을 걱정하며 불철주야 잔소리를 해온 야무진 애순 언니. 그러나 이제 나도 어엿한 성인이며 '개인의 취향'을 가진 존재다. 언니의 기세를 꺾어놓을 비장의 무기를 들이댔다. "놈들허곡 똑같이 살아시민 올레길도 어서쩌. 올레 처음 시작헐 때 언니 뭐랜 핸? 미친년이랜 골았저(남들이랑 똑같이 살았더라면 올레길도 없었어. 올레 처음 시작할 때 언니 뭐라고 했어? 미친년이라고 했지)."

언니는 한숨을 내쉬더니 말했다. "알앙 허라. 혼 이틀은 버틸거여마는 오래 가크냐(알아서 해라. 한 이틀은 버티겠지만 오래 가겠냐)."

헬스클럽 따로 다닐 필요가 없더군

　　이사 뒤끝에는 본디 빨랫감이 쏟아지는 법. 짐을 대충 정리하고 난 뒤부터 빨래터에서 살다시피 했다. 쪼그렸다 허리를 굽혔다를 반복하다 보니 저녁 때면 무릎이 후덜덜, 허리가 끊어질 듯 아파왔다. '괜한 멋을 부렸나' 은근히 후회가 밀려왔다. 하지만 '길어야 이틀'이라는 언니의 예측을 들어맞게 할 순 없었다.

　　마침내 사흘 만에 묵은 빨래(심지어 작은 이불까지!)를 다 해결했다. 이제부턴 매일매일 생기는 빨래만 그날그날 해치우면 된다. 그때부터 빨래는 고된 노동이 아닌, 즐거운 운동으로 둔갑했다. 걸으러 나갈 시간이 없거나, 왠지 바깥에 나가기 싫은 날에는 빨래로 운동을 대신했다.

　　설거지하기 전에 빨랫감이 잔뜩 든 대야에 가루비누를 풀어놓으면, 설거지가 끝날 무렵엔 때가 불어서 크게 힘들이지 않고서도 쓱쓱 비벼주면 때가 쏙 빠졌다. 빨래를 하면서 생각한다. 아, 내가 이 옷을 참 좋아하는구나, 이 옷은 언제 누가 사준 옷이구나, 이 옷은 이제 헤어질 때가 되어가는구나……. 세탁기 옆 바구니에 휙 던져놓았다가 기계가 알아서 빨래를 해주던 시절엔 생각지도 못했던 '내 옷가지와의 대화' 시간인 셈이다.

　　그 다음은 헹구기. 본격적인 상체 운동에 돌입한다. 어깨를 최대한 꼿꼿이 펴고 두 팔을 되도록 크게 휘두른다. 빨래가 잘 헹궈질 뿐더러 평소 안 쓰던 근육을 쓰게 되니 일석이조. 덩치가 큰 아들내미 빨랫감은 아예 벌떡 일어나서 상반신을 다 써가면서 팍팍 헹궈준다. 거의 팔굽혀펴기 수준이다. 헹구기가 거듭될수록 빨래는 점점 말개지고, 드디어 티없이 맑은 물만 생기는 최종 단계에 이르게 된다. 내 마음이 다 맑아지는 느낌이다.

마지막 단계 비틀어 짜기. 내 팔심은 체구에 비해 무척 센 편이다. 최대한 비틀었다가 '빡' 소리가 날 만큼 쥐어짠다. 인간 짤순이가 따로 없다. 성취감이 절정에 이르는 순간이다. 헬스클럽에선 돈을 내면서 근육만 단련하지만, 팡돌에서는 전기세와 물세를 절약하면서 빨래라는 또 다른 성취감까지 맛본다.

흐르는 물에 마음을 헹구고

손빨래의 가장 큰 장점은 그러나 육체 운동이 아닌, 정신적 명상에 있다. 빨래에 점점 익숙해질수록 몸은 자동으로 움직이고, 머릿속으로는 여러 생각이 들고난다. 오늘 해야 할 일을 하나하나 점검하기도 하고, 요즈음 줄곧 고민해온 문제를 집중적으로 붙들고 늘어지기도 한다. 흐르는 물에 분노의 감정을 흘려보내기도 하고, 차츰 맑아지는 헹

굼물을 보면서 복잡하게 뒤엉킨 머릿속을 찬찬히 들여다보기도 한다.

틱낫한 스님은 '떼어놓는 발걸음 하나하나에 생각을 싣는다'라고 하였다. 맞는 말이다. 그래서 '걷기 명상'이라는 신조어도 생기지 않았는가. 빨래에도 그런 측면이 있다. '물속에서 흔드는 팔동작 하나하나에 생각이 실리는' 것이다.

불가에서는 명상 수행의 한 방편으로 육체적 노동을 권고한다. 허드레 설거지도, 절집 마당 쓸기도, 텃밭 가꾸기도 면벽수행 못지않다는 것이다. 공장의 기계 조립 라인에서 명상을 하기란 쉽지 않다. 속도도 제 맘대로 조절할 수 없거니와, 자연이 깃들어 있지 않기 때문이다. 그러나 흙, 물, 바람, 햇볕의 도움을 받으면서 제 깜냥껏 하는 노동은 맘먹기에 따라선 매우 효과적인 명상 수단이다.

물질문명은 우리에게 편리함을 제공했지만 빼앗아간 것도 많다. 편리하고 빠른 자동차가 먼 곳까지 손쉽게 데려다주는 대신 인류사상 최대의 발견이라는 직립보행의 즐거움과 풍요로움을 박탈했듯이. 빠른 자동차 대신 '느린 걷기'를 택했듯, 나는 빠른 세탁기 대신 '느린 손'을 택했다.

난 오늘도 손빨래를 하면서 노동을 하고, 운동을 하고, 명상을 한다. 도시의 현기증 나는 속도에 휘둘리며 몸과 마음을 혹사했던 내게 서귀포의 느린 일상은 치유의 시간이다.

올레 백배 즐기는 법

올레는 코스마다 따로 테마가 없는 길이다. 자유, 평화, 행복, 치유, 대화, 기쁨, 사색, 고독, 그 모든 것을 다 경험할 수 있는 길이다. 당신이 그 길을 걷는 순간, 가장 열심히 추구하고 고민하고 모색한 것을 얻게 되는.

올레는 특별히 단련된 사람만 걸을 수 있는 가파른 등산로도, 잘 꾸며놓은 산책로도 아니다. 높이가 백 미터도 채 안 되는 오름과 평평한 마을길, 자갈길, 숲길, 바위길, 돌길이 고작이다. 대여섯 살 어린이에서부터 팔순의 노인까지, 노련한 알피니스트에서부터 맨날 방구석에만 틀어박혀 살던 귀차니스트까지 두루 걸을 수 있는 만만한 길이다.

올레는 눈이 밝은 사람만이 찾아내는 어려운 길이 아니다. 제주올레 홈페이지나 제주공항 올레 안내센터에서 배부하는 올레 안내서를 참고해서 각 코스 출발점에 서기만 하면 된다. 그때부터는 파란색 화살표와 파랑과 오렌지색 리본이 이끄는 대로 따라가기만 하면 된다.

그러나 외지에서 온 올레꾼들을 보노라면, 안타까운 마음이 들 때가 많다. 좀더 이 길을 즐길 수 있을 텐데, 이 길에서 좀더 행복할 수 있을 텐데, 좀더 많은 사람과 이야기를 나눌 수 있을 텐데, 제주를 좀더 깊이 이해할 수 있을 텐데 싶어서.

'올레길을 백 배 즐길 수 있는' 몇 가지 팁을 당신에게 주고 싶다. 제발 귀를 기울여주시기를.

팁1_ 되도록 하루 한 코스만 걸으셈

가끔 올레길을 걷다 보면 다리를 절뚝이며 걷는 이들이 있는데, 놀랍게도 건장한 체격의 중년의 남자들이 대부분이다. 물어보면 한결같이 내친 김에 하루에 두 코스 내지 한 코스 절반쯤을 걸은 경우다. 뭐 가파른 산길도 아닌 평지인지라, 짧은 시간에 더 많이 보고 싶어서, 아주 드문 경우지만 몸을 혹사하고 싶어서 그렇게 걸었단다.

평지니까 그까이 거? 천만에. 제주올레길은 경사가 완만하고 높낮이가 별로 없긴 하지만, 매끈매끈 잘 다듬어놓은 산책로나 운동 코스가 아니다. 돌길, 자갈길, 너덜길, 풀길, 벼랑길, 비에 젖은 흙길……. 다양한 길이 조각보처럼 펼쳐진 트레킹 코스다. 전방만 주시하면서 무조건 속도를 내다가는 자칫 낙상하거나 미끄러지거나 삐끗하기 십상이

다. 요행히 악운을 피해갔다 하더라도, 하루에 두 코스씩 걸으면 열에 아홉은 물집이 잡히거나 다리에 통증을 느끼게 된다. 발이 아픈데 아름다운 풍광이 눈에 들어오나? 새소리가 정겹게 들릴 턱이 있나? 올레 가이드북이 '하루 한 코스'를 권장하는 데에는 다 그만한 이유가 있다.

열성 올레꾼 K는 '하루에 반 코스'씩만 걷는다. 전 코스를 두 번이나 완주한지라 웬만한 제주인보다 더 올레길을 잘 아는 K. 가다가 미술관이 나오면 한두 시간 둘러보기도 하고, 해가 쨍쨍한 대낮에는 나무그늘에서 오수를 즐기기도 한다. 때로는 올레 코스를 이탈해서 자기만의 올레를 개척하는 기쁨을 맛보기도 한단다.

하루에 두 코스를 완주한 사람과 그 사분의 일인 절반 코스만 걸은 K. 누가 더 많은 걸 느끼고 더 많은 행복감을 맛보았을까. 목표 지향적인 한국인들은 여행을 숙제처럼 여긴다. 느림을 추구하는 올레길에서도 '빨리빨리'를 불사한다. 올레길은 먼저 도착한다고 상을 주는 길이 아니다. 가다 못 가면 도중에 멈추고 돌아나와서 다음에 걸으면 되는 길이다. 제발, 올레길에서만큼은 한국사회에서 살면서 익숙해진 속도전의 문법에서 탈피하시기를.

올레는 '간세다리'를 추구한다. "게으르다는 것은, 늘어질 대로 늘어져서 아무것도 하지 않는 것과는 다르다. 마치 극장에서 공연이 없는 날을 '공연 안 하는 날'이라고 하지 않고 '공연 쉬는 날'이라고 하듯이, 우리는 저마다 사회라는 극장 또는 무대의 배우다. 우리는 때

때로 휴식이, 다시 말해 쉬는 것이 필요하다." 프랑스 철학자 쌍소의 게으름 예찬론이다.

　　　　　도시에서 각박하게 살아온 당신, 인생 무대에서 잠시 공연을 쉬어보는 건 어떠신지. 놀멍 쉬멍 걸으멍.

팁2_ 안 해본 짓, 하고팠던 짓 좀 해보셈

　　　　　'죽기 전에 해보고 싶은 몇 가지' 라는 콘셉트의 책들이 한때 서점가를 휩쓴 적이 있다. 죽음 앞에 직면한 이들 대부분이 간절히 하고 싶어한 건 평소 목숨 걸고 매달려온 돈이나 권력, 명예와 관련된 일이 아닌, 지극히 사소하고 평범한 일이었다. 사랑하는 사람에게 편지를 쓴다거나, 친구에게 미안하다고 말하거나, 어머니에게 고맙다고 고백하거나, 시간이 없어서 포기했던 그림을 그리거나, 자식과 손을 잡고 지는 노을을 바라보거나.

　　　　　올레를 걸으면서 더불어 할 수 있는 일은 수백, 수천 가지다. 시를 좋아한다면 얇은 시집 하나 챙겨 들고 바람이 살랑거리는 바닷가 정자에서 팔베개를 하고 읽을 수 있으리. 상대방에게 미안하다고 사랑한다고 차마 말하지 못했다면 올레 7코스 풍림리조트 입구의 '바닷가 우체국' 에서 엽서 한 장 띄울 수도 있으리라. 파도를 향해 하모니카를 불

ⓒ김금숙

어줄 수도, 들꽃이 지천으로 핀 언덕에서 스케치북을 펼칠 수도 있겠지.

팁3_ 지역민들이 내미는 손을 기꺼이 잡으셈

일부 올레 코스는 관광지나 큰 마을을 경유하지만, 대부분은 외지인의 출입이 거의 없었던 오지 마을이거나 한적한 마을들이다. 사람이 너무나 그리웠던지라 이곳 주민들은 올레꾼들을 환대하는 마음을 갖고 있다. 귤을 나눠주고, 들밥을 함께 먹자고 소매를 끌고, 경운기나 트럭을 세워 태워다준다. 이들의 기꺼운 손길을 '뭘 팔려고 미끼를 던지는 건 아닐까' 도시인답게 경계하거나 깍쟁이처럼 뿌리치지 마시라.

아름다운 경치 못지않게 사람들과의 소통은 여행의 큰 즐거움이자 소중한 추억거리다. 꾸밈없는 올레길이 제주 자연의 속살이라면, 순박한 인심은 겉으로는 퉁명스럽고 무뚝뚝한 제주인의 속살이다. 그 손길에 손을 내미는 순간, 당신의 올레 여행은 훨씬 풍성하고 다채로워질 것이다. 올레꾼들 중에는 올레의 경치도 넘 좋지만 주민들의 훈훈한 정과 인심에 반해서 제주를 다시 찾고 싶어진다는 이들이 많다.

©황민경

팁4_ 길 떠나기 전에 제주어 몇 마디 배워두셈

머나먼, 쉽게 건널 수 없는 제주해협 때문일까. 제주어는 한국어의 일부이면서도 뚜렷하게 다른 개성을 지닌다. '-마씸' '-허우다' '-꽝' 등등 어미도 다르지만, 단어도 완전히 뜻을 달리하는 경우가 많다. '요망지다'는 똑똑하고 야무지다는 뜻이며, '속아수다'는 '수고하셨습니다'는 뜻이다(이런 걸 잘못 알아듣고 속상해하는 이들도 있다 ^^). 방송작가인 한 올레꾼은 중산간 마을 할망들이 외지인에게는 표준말로 응대하다가 자기들끼리 나누는 이야기를 들으면서 '한국어를 완벽하게 구사하는 외국'에 온 것 같다고 감탄했다.

언어학자들은 모음이 많고 압축적이며 받침에 'ㅇ', 'ㄹ'이 많이 들어가는 언어를 아름다운 언어라고 규정한다(불어가 그런 경우다). 이는 제주어의 특성에 고스란히 부합한다. '놀멍 쉬멍 걸으멍'만 봐도 그렇다. 모든 받침이 'ㅇ'으로 끝나며, 세 글자가 두 글자로 압축되고 있지 않은가. 이런 아름다운 언어를 한번 배워보고 싶지 않은가.

외국에 여행갈 때는 간단한 회화 몇 마디라도 미리 익혀두려고 애를 쓴다. 현지인들과 소통할 때, 물건을 살 때 훨씬 도움이 되기 때문이다. 제주올레길 여행도 마찬가지다. 억양이 서툴러도 좋다. 발음이 어색해도 상관없다. 부디 제주어 몇 마디는 배워가시라. 재래시장에서 덤도 더 받고, 해녀 할망들과도 훨씬 빨리 친해질 것이다.

팁5_ 어느 코스가 제일 좋으냐고 묻지 마셈

올레를 찾으려는 이들이 가장 많이 하는 질문이 '어느 코스가 제일 좋으냐'는 것이다. 내가 대략 난감해하면, '어려운 질문인 건 알지만, 그래도 꼭 하나만 추천한다면……' 단서를 달며 또 묻는다. 그럴 때마다 나는 대답한다. "어제 걸은 길이요."

눈치챘겠지만, '어제 걸은 길'이 가장 좋다는 건 모든 코스가 저마다의 특징과 매력을 갖고 있다는 뜻이다. 제주는 좁다면 좁은 섬이지만 너르다면 너른 섬. 신기한 건 그 수많은 바닷가 마을의 풍광이 다 다르다는 것이다. 바다의 빛깔이, 돌멩이의 종류가, 마을의 풍습이 소소하게 다 다르다. 동쪽과 서쪽의 풍광이, 남쪽과 북쪽의 서정이 확연히 다르다.

게다가 변화무쌍한 제주 날씨가 코스의 느낌을 날마다 다르게 변주한다. 바람 한 점 없는 화창한 날에 걸은 10코스와 온몸을 날려버릴 듯한 강풍 속에서 걸은 그 길이 어디 같은 느낌이랴. 전자가 지극히 평화로운 에게 해를 걷는 듯하다면, 후자는 아일랜드의 바람 부는 언덕을 걷는 듯 극명하게 대비된다. 같은 코스인데도 이럴진대, 어찌 이 코스는 이렇다고 단정 지을 수 있으랴.

사람마다 취향과 개성이 제각각이라는 점도 추천을 망설이게 만든다. 호젓한 길을 좋아하는 이가 있는 반면 무서워하는 이도 있

다. 바닷길을 좋아하는 이가 있는가 하면 숲길을 선호하는 이도 있다. 올레꾼들 사이에 가장 지루하고 힘든 '마의 코스'로 악명이 높은 3, 4코스가 가장 좋았다는 이들도 있다.

너무 많은 정보가 오히려 당신에게 독이 되거나 장애물이 될 수도 있다. 어디까지나 '타인의 시선', '타인의 취향'이기 때문이다. 선입견을 갖지 말고, 당신의 느낌과 당신의 감각을 따르기를. 그날 하늘이 당신에게 허락한 날씨를 최대한 즐기기를.

결론은, 이것저것 자료만 뒤적이거나 모든 동선을 치밀하게 계산한 뒤에 떠나려고 하지 말라는 것. 최소한의 생존 장비(튼실한 신발, 우비, 바람막이 옷)와 설레는 마음만 있으면 되는 곳이 올레길이라는 것. 떠난 자만이 목적지에 이를 수 있다는 걸 명심하시길.

올레꾼의
외갓집,
할망숙소

올레길의 명물 '할망숙소'의 아이디어를 제공한 것은 한 여자 올레꾼이었다. 올레길이 열린 지 일 년여쯤 지날 즈음, 한 올레꾼이 올레 홈페이지에 올린 글이 눈길을 붙잡았다.

"무작정 걷고 싶다, 이 회색 도시를 탈출하고 싶다는 욕망에 충동적으로 비행장으로 가서 티켓을 끊고 제주행 비행기에 몸을 실었습니다. 1코스 출발지점인 시흥리 마을에 도착했더니 이미 날이 어둑어둑해져 걷기는커녕 숙소부터 잡아야 했습니다. 마을엔 불빛도 거의 없고, 물을 만한 사람도 지나가지 않더군요……."

어라, 시흥리에는 여관이나 모텔 같은 숙소가 없는데…….
나도 모르게 꼴깍 침이 넘어갔다. 산티아고 길에서 마지막 알베르게를 지나친 뒤 밤길을 걸으면서 얼마나 와들와들 떨었던가. 내 경험이 오버랩되어 단숨에 읽어내려갔다.

헤매던 끝에 버스정류장 근처 구멍가게 할머니에게 부근에 잘 만한 곳이 없냐고 물었더란다. 할머니는 마을에서 한참 떨어진 성산포에 가야 여관이 있다면서, 버스는 벌써 끊겼고 이 밤에 젊은 여자 혼자 택시를 탈 수도 없고, 안타까워하더란다. 자신의 무계획성을 자책하면서 망연자실해하는데, 할머니가 머뭇거리면서 말씀하시더란다. "아들이 쓰던 방이 비어 있는데, 거기서라도 묵겠느냐"고. 구세주를 만난 심경으로 숙박비는 드리겠노라고 했더니, 사정이 딱해서 하룻밤 재우는 거라면서 펄쩍 뛰더란다.

처자를 방으로 안내한 할머니는 방구석에 쟁여놓은 쌀포대와 잡동사니 살림을 민망해하면서 배고플 텐데 찐 고구마라도 먹겠느냐고 묻더란다. 시장한 김에 냉큼 접수했더니, 고구마를 들고 온 할머니는 처자에게 이것저것 묻기 시작하더란다. 어디서 온, 뭐 하는 처자고, 무엇하러 이 마을에 왔는지를(그때만 해도 제주올레가 잘 알려지지 않았고, 시흥리에는 외지 관광객이 전혀 없었으니 그럴 만도 하다).

혼자 사시는 집에 폐를 끼쳐서 죄송하다고 처자가 인사를 챙

겼더니, 할머니는 손사래를 치면서 늘 혼자여서 적적했는데 말동무가 생겨서 얼마나 좋은지 모른단다. 할머니는 밤이 이슥하도록 남편이 '4·3' 때 억울하게 학살된 뒤 홀로 사남매를 키우며 살아온 사연을 구비구비 펼쳐놓더란다. 할머니의 제주어가 외국어처럼 귀에 설었지만 표정으로 어림짐작하면서 '네, 네' 장단을 맞춰드렸단다.

다음날, '할망 혼자 사는 집이난 반찬 없어도 이해하라' 면서 자리젓과 호박잎쌈에 된장국으로 겸상을 차려주시더란다. 처자는 여의도 방송가에서 피 말리는 시청률에 쫓기며 살아온 구성작가. 처음 보는 자기를 외갓집 놀러 온 손녀딸처럼 대하는 제주 할망의 품에 안겨 엉엉 울고 싶더란다.

이 사연을 다 읽고 나자, 머릿속에 번쩍 형광불이 켜지는 느낌이었다. '그래, 이거야. 할망숙소! 할망 혼자 사는 집에 올레꾼을 묵게 하는 거야!'

서귀포시장에게 "할망숙소 좀 지원해주세요"

그동안 올레 사무실에는 시종점 마을에 잘 곳이 없느냐는 문의가 더러 있었다. 큰 마을이 시종점인 경우는 다행이지만, 대부분은 아주 조그마한 마을을 지나는 경우가 많아서 길을 걷고 나면 여관이나 게스트하우스가 있는 곳으로 이동해야 하는 번거로움이 있었다. 무거운 배낭을 짊어진 올레꾼들은 불편이 이만저만이 아니었다.

그런가 하면 올레 사무국으로서는 이런 작은 마을에 늘 빚을 진 느낌이었다. 올레꾼에게 마을 안길이나 바닷길, 공동목장을 선선히 내주었는데도 숙소가 없다 보니 정작 수혜는 큰 마을들이 누렸다. 그런데 마을 할망들이 민박을 하게 된다면 사정이 달라진다. 올레꾼도 좋고, 동네 할망도 좋으니 이거야말로 '윈윈' 아닌가.

올레길 어느 마을이든 혼자 사는 할망들이 많다. 전국에서 여성 평균 수명이 가장 높은 곳(전국 평균보다 5~6세 높다)이 제주인데다, 자식들은 머리가 굵어지면 진학이나 취업을 위해 도시로 나가기 때문이다. 제주 여성은 생활력이 강해서 나이가 들어도 건강이 허락하는 한 부지런히 몸을 놀린다. 물질을 하든, 비닐하우스 품삯일을 하든, 우영팟(텃밭)의 채소를 뜯어 오일장에서 팔든. 자식과 함께 사는 할망도 독립적이기는 매한가지여서, 자식이 결혼하면 밖거리(바깥채)를 내주고 자신은 안거리(안채)에서 따로 살면서 자기만의 부엌을 지켜낸다. 제 손으로 조석을 끓이는 할망들이 몇몇 올레꾼을 못 재우고 못 먹일쏜가.

염려되는 점도 있었다. 2002년 월드컵 때 서귀포 월드컵경

기장이 주경기장 중 하나로 선정되자 행정관청에서는 밀려들 관광객 수요를 감안해서 민박을 적극 장려했고, 특수를 기대한 인근 주민들은 은행 융자를 끌어들여 집을 늘리거나 아예 새로 지었다. 이른 바 '월드컵 민박'. 올레길을 탐사하러 다니면서 텅텅 빈 민박집과 관광팬션을 얼마나 많이 목격했던가. 그런 전철을 밟지 않으려면 올레답게 접근해야 한다.

올레답게? 한마디로 '되도록 자연스럽게'다. 길에 공사를 하지 않듯이, 집에도 손을 대지 않는 것이다. 아스팔트와 간판에 질린 도시 사람들이 제주의 풍광이 오롯이 남아 있는 올레길에 반했듯이, 제주인들이 사는 소박한 집을 그대로 개방한다면 훨씬 정겹지 않을까. 화장실이 마당에 있거나 수세식이 아니라도 상관없다. 길에 대한 올레꾼의 반응을 직접 보고 들었기에 제주다움이 여행자를 끌어들이는 요소라는 데 확신이 있었다.

하지만 소박한 건 좋지만 지저분해서는 곤란하다. 올레길의 풍광이 제아무리 아름다워도 쓰레기가 널려 있으면 눈살이 찌푸려지듯 숙소 역시 마찬가지다. 침구만큼은 깨끗하고, 벽지는 깔끔해야 한다.

2009년 2월, 새로 부임한 박영부 서귀포시장을 만나 할망숙소의 필요성을 설명하고 행정적 지원을 부탁했다. 60세 이상의 할머니 중에 할망숙소 희망자를 신청받아 실제 방문과 면담을 거쳐 대상자를 선정하고, 할망 집에 도배를 새로 해주고 침구류를 지원해달라고. 박시장은 흔쾌히 지원을 약속했다. 그는 취임 일성으로 '서귀포시의 미래가 올레에 달려 있다'고 말해 우리를 깜짝 놀라게 한 공무원이었다. 제주도청 자치행정국장 시절 올레 네 개 코스를 걸으면서 올레의 가치를 확신하게 되었단다.

행정력이 뒷받침되면서 일은 술술 풀려갔다. 첫 단계로 여덟 개 마을에서 열두 개 할망숙소가 선정되었다. 시청과 ㈔제주올레 측이 신청자의 집을 직접 방문하여 면담한 뒤에 내린 결정이었다. 개중에는 팔순이 넘은 해녀할망도 있었다.

"잘도 재미지다. 용돈도 생기곡 말벗도 생기곡"

시흥리 강태여 할망이 바로 그 주인공인데, 올레꾼들 사이에서는 연예인 부럽지 않은 스타. 할망은 자식을 다 키워서 제주시로, 서울로 내보내고 혼자서 산다. 대가족이 살던 집이어서 깨끗하고 마당도 넓은 편이다. 팔순인데도 직접 바다에 들어가 해산물을 채취할 만큼 정정하다. 물질을 다녀온 다음날에는 바다 내음이 물씬 풍기는 싱싱한 해산물이 밥상머리에 올라온다. 소라가 많이 잡힌 날에는 소라 된장국이나 소라구이가, 톳이 바닷가로 떠밀려온 날에는 톳무침이, 운 좋게

ⓒ김진석

따돔 따위를 잡은 날에는 돔지리가 올레꾼 차지다. 강태여 할망을 만난 김에 여쭤보았다. "민박허낭 어떵허우꽈(민박 치니 어떠세요?)"

"잘도 재미지다. 용돈도 생기곡 말벗도 생기곡, 안 심심해영 잘도 좋아(참 재미있어. 용돈도 생기고 말벗도 생기고, 심심하지 않아서 참 좋아)."

오랜만에 어머니를 뵈러 온 따님도 옆에서 거든다. 온종일 집안을 부지런히 쓸고 닦고 올레꾼 손자들 밥해 먹이느라고 더 활기차고 젊어지신 것 같단다.

할망숙소는 숙박비가 싸고 소박한 인심을 맛볼 수 있어서 올레꾼들에게 인기가 많다. 젊은 올레꾼만이 아니라 경제적으로 여유가 있는 장년층 중에도 굳이 할망숙소를 찾는 이들이 있다. 명품벽지 박동혁 회장도 그중 하나다. 제주에 내려오면 늘 신라호텔이나 하야트에 머물던 그는, 올레에 빠져들면서 숙소마저 할망숙소나 게스트하우스를 애용한다. 풍광만 아니라 지역 사람을 사귀고 그들의 언어를 배우고 그들의 음식을 맛보는 게 진짜 여행임을 터득했기 때문이다. 그는 할망숙소의 벽지를 무상으로 공급해주겠다는 고마운 제안을 내놓아 실천에 옮기고 있다. 올레길에 매료된 그는 자기 고향 근처인 휴전선 부근에 'DMZ 올레'를 내는 게 꿈이란다.

제주올레길 여행은 여행자와 주민이 함께 행복한 공정여행,

착한 여행으로 진화 중이다. 서귀포시의 할망숙소는 공정여행의 상징적인 공간이다. 두려움 반 설렘 반으로 바다 건너 제주를 찾는 여행자에게 할망숙소가 늘 팔 벌려 맞아주는 외갓집 같은 곳이었으면 좋겠다. 고향도 외갓집도 모두 잃어버린, 외롭고 헛헛한 도시인들에게.

올레꾼이라면
한 번은,
'클린 올레'

　　　　　　제주올레를 찾는 올레꾼들이 급격히 늘어나면서 맨 먼저 등장한 문제가 쓰레기였다. 지역 텔레비전 방송과 신문에서는 이 문제를 연거푸 다루면서 "제주의 아름다운 자연경관이 올레꾼이 무분별하게 버리는 각종 쓰레기로 몸살을 앓고 있다"라고 보도했다. 고참 올레꾼 중에서도 "처음에 걸을 때보다 쓰레기가 부쩍 많아졌다. 세계 어디 내놔도 빠지지 않을 경관인데 참으로 안타깝다"고 말하는 이들이 더러 있었다.
　　　　　　이 모든 것이 길을 낸 (사)제주올레의 책임인 것 같아 하루하루가 고통스러웠다. 그러면서도 뇌리를 떠나지 않는 의문이 있었다. 그 쓰레기가 과연 올레꾼들이 던진 것일까? 아니면 지역 주민들이 버린 것일까? 양쪽이 공동정범이라면 어느 쪽에 책임이 더 많은 것일까?

올레길을 처음 낼 때부터 쓰레기는 가장 큰 골칫거리였다. 올레가 거쳐가는 곳은 대부분 기존 관광지가 아닌 조그마한 마을, 알려지지 않은 오름, 무명의 해안가였다. 동네 하천, 바닷가, 포구, 오름, 밭담길, 과수원 입구에는 인근 농가에서 내다버린 폐비닐과 공해상에서 떠밀려온 해양 쓰레기와 생활 쓰레기가 방치되어 있었다. 올레 코스를 확정 짓고 나면 맨 먼저 하는 일이, 해당 읍면동에 코스 곳곳에 널린 쓰레기를 치워주도록 간곡히 요청하는 것이었다. 저간의 사정을 알 리 없는 올레꾼들은 깨끗한 올레길에 찬사를 보내곤 했다.

그렇듯 공들여 치운 올레길이 또다시 쓰레기로 몸살을 앓는다니! 2010년의 화두는 '클린 올레'였다.

"전 코스를 다 걸어보는 거야. 쓰레기를 주우면서!"

쓰레기 문제를 끌어안고 골똘히 고민하다가, 단순 무식하게 접근하기로 마음먹었다. '새해 첫날부터 전 코스를 다 걸어보자. 어떤 종류의 쓰레기인가 눈으로 확인해야 적절한 대책을 세울 게 아닌가.' 마을을 찾는 올레꾼이 주범이라면 올레꾼을, 마을 주민들이 아무데나 쓰레기를 버리던 습관을 되풀이하는 거라면 마을 주민을 설득해야만 했다.

개인적인 '야심'도 있었다. 내친 김에 다이어트도 좀 하자는 것. 전국의 올레꾼에게 정보를 제공하고 밀려드는 방문객들을 만나느라 사무실에 머무는 시간이 많아져서 나날이 체중이 불어나고 있었다. "길을 낸다는 여자가 살이 더 쪘네. 올레길 콘셉트에 안 맞는 거 아냐?" 서울의 십자매들은 만날 때마다 놀려댔다. "다른 사람들 잘 걷게 뒷바라지 하느라 정작 나는 못 걷는다우." 해명하면서도 늘 찜찜하던 터였다. 마음이 흔들리지 않게 아예 홈페이지에 공지를 띄웠다. '2010년 1월 2일부터 클린 올레 캠페인을 시작하오니 공감하는 분들은 동참하라'고.

첫날, 약속 장소인 1코스 출발점 시흥초등학교 운동장에는 올레지기와 올레꾼 열댓 명이 나와 있었다. 서울에서 엄마의 부름을 받고 내려온 두 아들을 대동하고 우리 셋만이라도 해낼 작정이었는데, 이만하면 대대 병력이다. '클린 올레 원정대'는 올레 사무국에서 준비한 집게를 나눠들고 목장갑을 끼고 보무도 당당하게 출발했다.

강호동의 '1박 2일'에 소개된 이후 1코스에는 단체 관광버스까지 몰려온다던데, 쓰레기를 보아하니 사실이구나 싶었다. 푸른색 목장문이 반기는 알오름 입구, 올레꾼이 쉬어가도록 만들어놓은 벤치 주위에는 종이컵과 귤껍질, 일회성 휴지들이 수북했다.

"배낭에 다시 넣고 갈 일이지 이런 경관에 쓰레기를 버리다니, 개념이 아예 없는 사람들이 올레길을 왔네." "관광 왔다가 호기심에 잠깐 둘러보는 단체 관광객이 문제야." "어휴, 이 담배꽁초 좀 봐!"

끊임없이 툴툴거리던 원정대들 사이에 시간이 흐르면서 묘한 증세가 나타나기 시작했다. 쓰레기를 열렬하게 미워하던 그들이 쓰레기만 보이면 반색하면서 달려들었다. 대원들이 한결같이 반긴 쓰레기는 음료수 캔이나 깡통류였다. 줍기도 쉽고 부피가 커서 금세 봉지가 불룩해지니까. 가장 싫어한 쓰레기는 꽁초 부스러기. 줍기는 훨씬 어려운데 부피가 작아서 표시도 안 나니까. 숫제 나중에는 좋아하는(?) 쓰레기가 보이면 "저건 내 거야!" "왓, 대박이다!" 서로 소리치면서 내달렸다.

쓰레기를 치워야 한다는 의무감은 자연을 깨끗한 상태로 되돌려놓는다는 즐거움으로, 허리를 굽혔다 폈다 하는 고된 노동은 누가 누가 잘하나 겨루는 게임으로 바뀌었다. CF 버전으로 바꾸면 올레길에서는 쓰레기조차도 '올레!' 였다. 이 신종 게임에서는 몸이 가벼워 동작이 날랜 세화민박 쥔장 정영희씨가 늘 위너였다.

하루, 이틀, 사흘…… 클린 올레는 열흘이나 계속되었다. 시간이 흐르면서 올레길 쓰레기의 실체도 명확하게 파악되었다. 1코스나 7, 8코스처럼 단체 관광객이 투입되는 인기 코스에는 관광객이 버린 쓰레기가 대부분이었다. 그러나 2, 3, 4, 5코스처럼 올레꾼만 찾는 비대중적인 코스에는 마을 주민들이 내다버린 생활 쓰레기가 태반이었다. 절경의 바닷가 갯바위에 쓰레기를 태운 시커먼 흔적이 덕지덕지 눌어

붙었고, 밭담에는 비닐하우스 농사의 흔적인 폐비닐과 농약병이 함부로 굴러다녔다. 관광객과 마을 주민, 양쪽을 다 설득하고 변화를 이끌어내지 못한다면 올레길은 세계적인 명품길이 될 수 없다는 것을 뼈저리게 느꼈다.

    길에서 클린 원정대와 마주치면 '행복하다' '감사하다' 는 말을 건네는 올레꾼들, '사람들이 우리 마을을 찾게 해주고 먹고살게 해줘서 고맙다' 고 인사하는 마을 사람들을 수없이 마주쳤다. 쓰레기 문제를 해결해야 한다는 중압감 속에서도 뿌듯함과 행복감이 밀려들었다. 단지 길 하나를 냈을 뿐인데 이렇듯 가슴 벅찬 감사 인사를 듣게 되다니. 동행한 두 아들도 엄마가 저질러놓은 일이 많은 사람들을 행복하게 만들었음을 알게 된 눈치였다. 클린 올레 대장정은 쓰레기 문제와 더불어 올레의 기적을 두 눈과 두 발로 확인한 시간이었다.

    열흘 만에 원정대 전투복을 벗고 청바지를 입어보니, 주먹 하나가 들어갈 정도로 헐렁했다. 팔뚝이 꽉 끼어서 못 입던 셔츠도 가뿐하게 들어갔다. 허리를 굽혔다 폈다, 팔을 들었다 놨다 하는 사이에 두툼했던 뱃살이 쏙 빠지고 팔뚝에 붙은 나잇살이 절로 떨어져나간 것이다. 야호, 올 여름에는 팔뚝이 훤히 드러나는 민소매를 입고 올레길을 걸으며 초콜릿빛으로 그을릴 테다. 돈 한 푼 들이지 않고 다이어트에 태닝까지. 올레길에 사는 또 다른 즐거움이 아니고 무엇이랴.

아름다운 세 번째 부류, '클린 원정대'

대장정을 끝내자마자 박영부 서귀포시장에게 손편지를 썼다. A4 용지로 두세 장 쓸 생각이었는데, 막상 잡고 보니 단숨에 여덟 장이나 써내려갔다. 올레길의 쓰레기 실태를 낱낱이 열거한 뒤, 올레꾼 캠페인은 (사)제주올레가 맡을 테니, 시에서는 체계적인 수거 시스템을 만들고 주민들을 계도해달라고 읍소했다.

이후 서귀포시청에서는 읍면동 주민들에게 쓰레기 소각 금지 등 '3불 운동'을 전개하고, 단체 관광객이 많이 찾는 6, 7, 8코스에 전담 인력을 배치했다. 제주 해경에서는 태풍으로 해안가에 밀려드는 공해상의 쓰레기를 주기적으로 치우겠다고 자원했고, 몇몇 마을의 부녀회와 주민자치위원회에서도 '쓰레기 버리지 않기', '내 집 앞 쓸기' 등을 결의했다.

'쓰레기 원정대' 모임도 결성되었다. 올레 아카데미 심화과정 제1기 졸업생 열두 명은 한 달에 한 번씩 올레길을 함께 걸으면서 쓰레기도 줍는다. 아카데미에서 배운 들꽃 이름을 되새기고 쓰레기도 줍다 보면 어느덧 종점에 도착한단다. 그들은 입을 모아 말한다. "쓰레기 주우면서 좋아하는 올레길을 걸으니 운동도 되고 보람도 있고 넘넘 즐겁다"고.

단시일에 올레길의 쓰레기가 사라지지는 않겠지만, 모두가 노력하다 보면 그런 날이 오리라 믿는다. 쓰레기 없는 깨끗한 길에서는 버리는 것도 주저하게 되는 게 인지상정이다. 설령 버리는 이들이 있어도 줍는 사람이 더 많으면 언젠가는 쓰레기가 없어지지 않겠는가.

2009년 여름날, 존경하는 도반(道伴) 한비야와 올레길을 함께 걷는데, 수다를 떨다가 갑자기 말이 끊긴다 싶으면 영락없이 쓰레기를 줍고 있었다. 개념 없는 이들을 흉보는 내게 비야는 말했다. "세상에는 세 부류가 있어. 쓰레기를 버리기만 하는 사람, 버리지도 않지만 줍지도 않는 사람, 버리지는 않으면서 줍는 사람. 마지막 부류가 가장 훌륭한 사람이지. 어때, 훌륭한 사람 되기 너무 쉽지?"

두 번째 부류였던 내가 올레 덕분에 세 번째 부류로 진화했다. 당신은 어떤 부류인가. 어떤 부류가 되고 싶으신가. 불평과 비난은 세상을 바꾸지 못한다. 세상을 바꾸는 건 오직 행동과 실천뿐이다.

올레 공화국에서는
'올레 패스포트'로

올레 패스포트는 나의 오랜 '로망'이었다. 고향 제주에 올레 길을 내려고 마음먹은 때부터 구상한 것이 올레 패스포트였다.

2006년 9월 10일, 산티아고 길의 시작점인 프랑스 국경마을 생 장 피드포르에 도착하던 날, 언덕 위의 산티아고 협회에서 '카미노 크레덴시알(카미노 증명서)'을 발급받고 얼마나 설레었던가. 그날 밤 카미노 여권을 가슴에 품고 알베르게의 딱딱한 나무침대에서 잠을 청했다. 장장 800킬로미터나 된다는 이 길을 다 걸을 수 있을까. 마지막 종착지인 스페인 산티아고 데 콤포스텔라에 닿을 때까지 어떤 만남과 경험이 내 앞에 펼쳐질까. 카미노 증명서는 바쁜 도시의 일상에서 지상의 천국으로 인도하는 초대장 같았다.

하루의 여정을 마치고 알베르게에 도착해 증명서를 내밀면서 얼마나 자랑스러웠던가. 온종일 쏟아지는 장대비를 맞으며 산을 넘던 날에는 배낭 속 깊숙이 넣어둔 증명서가 흠뻑 젖어서 얼룩이 번지기도 했었지. 산티아고 대성당에 도착해서 스탬프가 빼곡하게 찍힌 증명서를 제시하고 완주증을 받아든 순간, 지나가는 사람들을 붙들고 마구 자랑하고 싶었더랬다. "쉰 살의 한국 여자가 이 길을 완주했답니다"라고.

고양이 목에 누가 방울을 달까?

올레 패스포트는 나만의 로망이 아니었다. 코스가 하나 둘 늘어나면서 '완주 증명서'를 만들어달라는 올레꾼들이 생겨났다. 산티아고 길이나 시코쿠 길을 다녀온 올레꾼들일수록 그런 요구가 많았다. 일에는 때가 있는 법. 겨우 몇 개 코스를 개장해놓고 패스포트를 선보이고 싶지는 않았다. 제주도 남쪽, 서귀포 올레길이라도 다 이어놓은 뒤라야만 했다.

드디어 12코스가 열리고 남쪽이 다 연결되자, 올레 사무국은 패스포트 준비에 돌입했다. 어디에서 확인 스탬프를 찍어주지? 산티아고 길에는 순례자들이 묵는 알베르게에서 도장을 찍어주고 시코쿠 길에는 여든여덟 개 사찰에서 붓글씨를 써주지만, 제주올레길에는 그런 곳이 없지 않은가. 하지만 올레길에는 마을마다 작은 '점방'이 있고, 바닷가에는 '해녀의 집'이 있지 않은가. 마을회관이나 노인회관도 올레꾼에게는 랜드마크가 될 수 있다.

스탬프는 코스마다 다른 걸로 할까? 통일할까? 마을마다 바닷가마다 다른 풍광과 바다 빛깔, 돌 모양을 간직한 제주올레의 특징을 감안하면 코스마다 스탬프 문양이 달라야 한다는 의견이 우세했다.

열두 개나 되는 스탬프는 누가 제작해? 이수진 올레 디자인실장은 올레 화장실로 골머리를 앓던 때였다. 이 일까지 떠맡기면 제주를 아예 떠나버릴까봐 걱정스러웠다. 고양이 목에 방울을 달기로 결정은 했는데, 정작 달 사람이 없었다.

"스탬프는 우리가 맡을게요"
손들고 나선 일러스트레이션학교

길 내기가 벽에 부딪힐 때마다 해병대와 특전사가 하늘에서 떨어졌듯이, 이번에도 스탬프 일을 자청하는 집단이 홀연 나타났다. '올레의 기적'이라고 할밖에.

사회생활의 첫발을 내디딘 월간지 〈한국인〉에서 함께 일했던 일러스트레이터 권혁수씨에게서 전화가 걸려온 건 스탬프 문제로 끙끙거리던 무렵이었다. 직장을 그만 둔 뒤에 두어 차례 OB 모임에서 만난 뒤로는 아예 연락이 끊긴 사이였다. 웬일이래, 권꼴통이.

〈한국인〉에서 나는 자기 의견 강한 제주 여자, 그는 과묵한 경상도 남자였다. 나는 사회 현실에 관심 많은 열혈 기자였고, 그는 아름다움을 추구하는 고집스러운 아트 디렉터였다. 한동안 소 닭 보듯 지내는 사이였지만, 직원 노조가 결성되면서 우리는 처음으로 밤새워 토론하고 술자리를 함께 하면서 조금씩 친해졌다. 직장을 옮기면서 짧았던 스킨십은 막을 내렸지만.

"어유, 오랜만이에요. 교수님 됐다면서요?" 의례적인 인사를 건넸다. 그쪽의 대답이 의외였다. "올레 소식은 다 듣고 있었어요. 서선배답다고 생각했지요. 강화에 걸으러 온다던데, 저도 거기 가봐도 돼요?"

어라, 내 기억으로는 손목 운동(삽화 그리기, 술 마시기)밖에 안 하던 사람인데 그새 나처럼 걷기에 빠진 걸까?

십자매 이유명호 선배가 개척한 강화올레를 걷는 날, 시작점인 하점면사무소 안마당에 권혁수씨가 예닐곱의 젊은이들과 함께 기다리고 있었다. '한국일러스트레이션학교'의 학생들이란다. 걷기를 끝내고 외포리 바닷가 허름한 가겟집에서 막회와 소주를 나눠마시는데, 그가 말을 시작했다. "쫓기듯 허둥지둥 살아가는 현대인들에게 올레가 참 귀중한 성찰의 기회를 준 것 같아요. 지독한 일중독자였던 서선배가 시작한 일이라서 마음에 더 와닿습니다."

다행히도 그는 일중독자 시절 나의 만행을 까발리지 않고 다른 화제로 옮겨갔다. "올레에 뭔가 기여하고 싶은데, 디자인과 관련된 일은 없나요? 우리 학생들도 올레에 관심이 무척 많거든요."

디자인? 일러스트? 순간 머리에 번쩍 불이 켜졌다. 올레 스탬프, 바로 그거야! 학생들에게 나누어 맡기면 저마다 개성이 다른 스탬프가 나오겠는걸. 어쩜 하늘은 이렇게 적절한 시기에 딱 맞는 인재를 공급해주시는지. 올레가 하늘의 뜻에 부응하는 '천지공사'인 게 맞긴 맞나봐. 숨 가쁘게 권교수에게 올레 패스포트와 스탬프에 대한 이야기를 들려주었다. 권교수와 동행한 학생들도 귀를 쫑긋하며 급관심을 보였다. 실마리가 풀린 것이다.

스탬프 작업은 예상보다 긴 시간이 걸렸다. 학생들이 내놓은 초안을 졸업생 장원영씨가 전체적으로 다듬고, 올레 사무국의 의견을 반영해 다시 손질하는 과정을 거치느라 석 달 만에야 비로소 최종안이 나왔다. 무료로 재능봉사를 하는데도 스탬프 제작팀은 마감을 재촉하는 이수진 제주올레 디자인실장의 성화에 엄청 시달려야만 했다.

스탬프를 만들고 나니 이번엔 완주증 차례였다. 산티아고처럼 완주증을 발급하되 진부한 형식은 피하자, 올레다운 참신한 발상이 필요하다는 데 의견이 일치했다. 서귀포의 빛과 색깔에 매료되어 이십 년째 서귀포에 살며 매력적인 그림을 그려내는 한국화가 이왈종 화백의 그림을 스티커에 넣는 건 어떨까? 모두들 굿 아이디어란다. 이화백에게 조심스럽게 이야기를 꺼냈더니 좋은 일인데 도와야지요, 선선히 응낙한다. 서귀포의 꽃과 새가 담긴 화려한 색채의 그림이 올레 완주증에 담기게 되었다.

'착한 여행'을 지향하는 올레 패스포트

내가 구상한 올레 패스포트는 여기까지였다. 그런데 소비생활에 익숙한 '대포동 세 여자'들이 딴지를 건다. "올레 패스포트 구입하면 무슨 혜택을 줄 건데요?"

혜택? 패스포트는 자신에게 주는 선물이야. 걷는 동안에 성취감을 느끼고 완주 뒤에는 추억을 반추하는. 내 말에 후배들이 펄쩍 뛴다. 그건 선배 시대 콘셉트일 뿐, 요즘 세대는 실속을 원한다고요.

그들은 올레 패스포트를 제시하면 숙소나 식당은 물론 항공료까지도 할인받을 수 있어야 한다고 주장했다. 그럴 경우 업체는 안정적으로 손님을 받아서 좋고 패스포트 소지자는 할인받아서 좋은, 모두가 윈윈인 '착한 여행'이 가능하다면서. 내 대답은 간단했다. 그럼 아이디어 낸 사람들이 현실화시켜봐. 후배들은 아이디어를 낸 죄(!)로 한 달 남짓 도내 수백 개의 숙박업소와 식당에 전화를 걸거나 직접 찾아가서 패스포트 가맹업체를 확보했다.

마지막 관문이 남았다. 패스포트를 제작할 업체를 찾는 일. 손바닥만 한 사이즈에 많은 정보를 꼼꼼히 담아내고, 오랜 기간 소지하면서 비바람에도 훼손되지 않아야만 한다. 좋은 재료를 쓰는 양심적이고 능력 있는 업체가 필요했다. 단, 저렴한 비용으로. 은주가 말했다.

"그런 데는 홍디자인밖에 없지."

'홍디자인'은 〈시사IN〉이 출범할 때에도 로고 타입과 지면 디자인을 재능기부한 '착하고 능력 있는' 디자인 업체였다. 우리는 홍디자인에 염치 불구하고 한 번 더 부탁해보기로 했고, 홍디자인은 흔쾌히 패스포트 제작을 맡아주었다.

기적 같은 재능기부 릴레이로 탄생한 올레 패스포트는 갈수록 뜨거운 사랑을 받고 있다. 제주 바다를 연상케 하는 파란 표지의 패스포트를 찾는 올레꾼들이 늘어나고 있는 것. 서울에서는 살 수 없는지, 인터넷으로 구매할 수는 없는지, 문의와 항의 전화가 빗발쳤다. 걷기 전에 미리 사서 설렘을 맛보고 싶다, 당장 걷지 못하더라도 꿈은 꾸도록 해달라, 이런 요청에는 거부하기 힘든 간절함이 있었다.

그러나 그들의 바람을 사무국은 끝내 들어주지 못했다. 나의 똥고집 때문이다. 올레 패스포트는 돈만 있으면 언제 어디서나 구입할 수 있는 '상품'이 되어선 안 된다. 길을 걷고자 길 위에 선 사람만을 위한 '아주 특별한 기념품'이라야 한다. 지구 반대편에서 만든 물건도 인터넷으로 즉각 구매하는 세상에서 돈만으로는 못 사는 물건이 하나쯤 있는 것도 재밌지 않은가.

비즈니스 프렌들리한 사고방식이 도통 부족한 이사장 때문에 사무국은 불만이 많다. 나는 농담처럼 말한다. "억울하면 니가 이사장 해라."

올래? 올래!
서귀포
올레시장

재래시장은 내 기억의 시작이다. 서귀포에서 태어났지만, 푸르른 바다보다 시끌벅적한 시장통을 먼저 보았다. 사진첩의 빛바랜 사진 한 장. 빙 둘러앉아 파를 다듬으면서 활짝 웃는 동네 아주망들 사이에 서너 살쯤 되는 계집아이가 놀란 표정으로 엉거주춤 서 있다. '서명숙 상회' 딸, 서명숙이다.

내 기억은 매일시장통에서 시작되지만, 어머니의 기억은 '노점상'으로 거슬러 올라간다. 함경북도에서 혈혈단신으로 월남해 서귀포성당 신부님 차를 몰던 아버지는, 그마저도 잘리고 말았다. 어머니는 밑천도, 빽도, 연줄도 없는 이들이 항용 택하는 '보따리 장사'에 뛰어들었다. 젖먹이 어린것 옆에 먹을 걸 놔둔 채 장사를 다녀오면, 아이는 그 자리에 꼼짝 않고 얌전히 있었단다. "창호지문 하나 똘루지 안허곡 울지도 안허곡, 시뭇이 잘도 좋았저. 성질이 지금허곡 딴판이었주게 (창호지문 하나 뚫지 않고, 울지도 않고, 버릇이 참 좋았지. 성질이 지금과는 딴판이었다)."

내가 두 살 때 어머니는 보따리 장사로 만든 밑천으로 매일시장(서귀포 나폴리 호텔 근처) 입구에 조그마한 가게를 차렸다. 떠돌이에서 정착형으로 업그레이드된 것이다. 야심차게 지은 상호가 딸 이름을 딴 '서명숙 상회'. 떠돌이 중에게 식사를 대접했더니 아이의 사주를 봐주겠다고 하더란다. 딸애의 사주가 워낙 세서 '하루에 천 번쯤 이름을 불러서 기를 눌러줘야 한다'는 처방이 나왔다. 일가친척이 없는 집안에서 여러 번 이름 불러줄 도리도 없는데다 마침 가게 이름도 지어야 했던지라 내 이름을 상호로 썼단다.

시장통 생활은 악다구니의 연속이었다. 어머니는 날마다 라이벌인 옆집 '신대순 상회'와 단골을 뺏어갔다면서 팽팽한 신경전을 벌이고, 노점상 할망들은 짐마차가 자기 다라이를 엎었다면서 고래고래

소리를 질렀다. 그러다가도 언제 그랬냐는 듯 우리 가게 주위에 몰려들어 양푼에 보리밥을 비벼 먹고, 삶은 미역귀를 고추장에 찍어 먹고, 시원한 자리물회를 돌려 마시곤 했다.

훗날 알게 된 일이지만, 어머니는 대부분의 가게 주인들과는 달리 다라이 장수 할망들에게 오히려 선선히 자리를 내주면서 '열심히 해보라'고 응원했단다. 새마을 정화운동의 일환으로 '세게' 노점상을 단속하던 시기에, 할망들이 벌여놓은 좌판을 다짜고짜 둘러엎은 공무원의 멱살을 잡고 읍사무소로 돌진한 일화는 아직까지 회자될 정도다. 그래서 우리 가게 주변에는 늘 할망, 아주망 노점상들의 질펀한 길거리 오찬이 벌어지곤 했던 것이다.

머리통이 굵어질수록 시장통 어른들을 이해할 수가 없었다. 방금 전까지 철천지원수처럼, 다신 안 볼 것처럼 짐승처럼 틀어 붙어서 싸우다가, 한데 모여 하하호호 웃으면서 밥을 나눠먹는 이상한 사람들! 기상대장네 집, 군수네 집, 병원 의사네 집, 학교 선생님 집 아이들이 무지 부러웠다. 그들은 모두 자기 집에서 '고상하게' 식구들끼리만 밥을 먹지 않는가.

그랬기에 시장통 한복판에 살면서도 나는 시장통의 삶과는 철저하게 거리를 두고 지냈다. 가게에 일손이 달려도 절대로 도와주는 법이 없었다. 어쩌다가 가게를 잠깐 지킬라치면 "모르쿠다. 이땅 어른들 오면 옵써(몰라요. 이따가 어른들 오면 오세요)."라는 말이 고작이었다. 간장, 고추장 상자가 산더미처럼 쟁여져 퀴퀴한 냄새로 가득 찬 창고 곁방에 틀어박혀 일본 번역소설이나 폐지로 흘러든 야리꾸리한 성인 주간지를 탐독하면서, 이 지겹고 시끄러운 시장통을 떠날 날을 몽롱하게 꿈꾸는 소녀였다. 나는.

여행할 때 재래시장 빠트리면 무슨 재미?

그 풍경, 그 사람, 그 냄새가 세포 어딘가에 깊숙이 저장되어 있었던가. 언젠가부터 재래시장에만 가면 왠지 모르게 마음이 편안해졌다. 동네서 장을 볼 때도, 지방으로 여행을 떠나서도, 심지어 외국 여행을 가서도 마찬가지였다. 진열대와 냉장고에 구색을 갖춰 쫙 물건이 진열된 슈퍼마켓이나 대형마트에서는 시끄러운 음악 속에서 오로지 물건만 골라야 한다. 누군가에게 조리법을 물어볼 수도, 요리조리 때깔을 살펴볼 수도, 덤을 달라고 즐거운 실랑이를 벌일 수도 없다. 게다가 슈퍼마켓이나 마트에는 신선한 공기도, 바람도, 햇볕도 들지 않아 마치 갇혀 있는 기분이 들었다. 시장통 출신인 내게 시장은 단순히 물건을 사고파는 곳이 아니라 사람과 만나고 소통하는 공간이었던 것이다.

800킬로미터의 산티아고 길을 걷고 나서 종착지인 산티아고

데 콤포스텔라에서 며칠간 머물 무렵. 도시의 성곽을 빠져나와서 모퉁이를 돌다 보니 우리식 재래시장과 맞닥뜨렸다. 고향 사람을 만난 듯 울컥 반가운 마음이 들었다. 시장을 두어 시간 찬찬히 돌았다. 채소와 과일을 좌판에 늘어놓고 파는 할머니에게 채소 몇 가지를 샀다. 그녀는 영어를, 나는 스페인 말을 몰랐지만 거래에는 아무 문제가 없었다. 만국 공통어인 손짓 발짓과 미소가 우리의 소통을 도와주었기에. 덤을 듬뿍 얹어주는 인정도, 푸근한 미소도, 우리네와 꼭 닮아 있었다. 차가운 대리석으로 지어진 웅장하고 아름다운 성당보다 촌스럽고 시끌벅적한 재래시장에서 스페인 사람들을 더 이해하고 알게 된 느낌이었다. 그래, 이게 진정한 여행이야!

'서명숙 상회'가 다시 문을 열었어요!

올레길을 내면서 올레꾼들에게 재래시장을 꼭 보여주고 싶었다. 자연의 속살을 감상하는 길이 올레길이라면, 삶의 속살을 엿보는 공간은 재래시장이다. 가이드북과 홈페이지에 '올레 여행의 마무리는 재래시장에서'라는 슬로건으로 서귀포 오일장과 아케이드 상가를 소개했다.

그러나 오일장은 말 그대로 5일에 한 번 열리는 장이다. 볼

ⓒ강영호

거리가 풍성하고 독특한 물건들이 많지만, 여행자로서는 날짜를 맞추기가 쉽지 않다. 반면 서귀포 아케이드 상가는 올레 6코스에서 가까울뿐더러 매일 열리는 시장이다. 도심이 확장되면서 나폴리 호텔 근처의 매일시장이 위쪽으로 이동하여 상설 시장으로 바뀌었다가, 십여 년 전에 현대화 바람을 타고 '아케이드 상가'로 개명한 것이다(전통의 '서명숙 상회'도 이곳으로 옮겨와 이십여 년을 더 유지하다가 문을 닫고 말았다).

   적지 않은 올레꾼이 아케이드 상가와 오일장을 찾기 시작하자, 박영부 서귀포시장은 아케이드 상가를 올레 6코스에 정식으로 넣어달라고 사무국에 간곡하게 요청했다. 이중섭 미술관에서 시장으로 올라가는 길은 아스팔트가 깔린 큰길이므로 코스 변경은 안 된다고 난색을 표하자, 박시장은 '기존 길은 A코스, 시장길은 B코스' 두 갈래로 내면 어떻겠느냐고 절충안을 내놓았다. 점점 사멸해가는 재래시장을 살리려면 올레길 외에는 방법이 없단다. 현지 주민들이 주차가 편리하고 깔끔한 대형마트와 슈퍼마켓으로 옮겨가면서 재래시장은 점점 활기를 잃어가고 있었다.

   아케이드 상가가 내게 어떤 곳이던가! 어린

날의 모태요, 공동체를 배운 학교요, 기억의 저장소요, 가족의 젖줄 아니었던가. 뿐만인가. 서귀포에서 나고 자란 모든 이에게 추억의 공간이요, 수많은 영세 상인들의 삶의 터전이요, 바다에서 나는 다양한 해산물과 우영팟에서 가꾼 싱싱한 채소가 모여드는 곳이다. 이곳 상권이 죽어버리면 어부와 상인과 할망, 아주망들은 어쩌란 말인가.

    2008년 8월 서귀포시장의 제안을 받아들여 시장길을 '6코스-B'로 편입하기로 했다. 코스에 관해서는 행정의 어떤 간섭도, 기업의 어떤 제안도 받아들이지 않던 (사)제주올레로서는 초유의 일이었다.

    얼마 지나지 않아 '올레 효과'는 시장 곳곳에서 뚜렷하게 나타났다. 낮에 길을 걸으면서 아케이드 상가를 눈여겨봐둔 올레꾼은, 땅거미가 질 무렵 시장으로 하나둘 모여들었다. 그들은 숙소에서 먹을 활어회를 시장통 횟집에서 떠가고, 노점에서 제주식 메밀순대를 사먹고, 육지의 친인척에게 부칠 생선과 고사리, 표고버섯 등을 주문했다. 시간이 흐르면서 올레꾼의 입소문에 힘입어 아케이드 상가는 올레꾼에게 '필수 경유지'로 떠올랐다. 일주일에 한 번씩 찬거리를 사러 시장에 들르는 나 역시, 나날이 '등산화 부대'가 늘어나는 걸 실감했다. 실제로 상가번영회 한팔용 상무는 지난 2009년 한 해 동안 올레꾼 덕분에 매출이 40퍼센트나 늘었다며, 대부분의 재래시장들이 처한 암울한 현실에 견주면 기적 같은 일이란다.

2010년에 접어들자 '매일 올레시장'으로 아예 이름을 바꾸자는 의견이 상가번영회 내부에서 나왔다. 올레꾼 유입 효과를 극대화할 수 있는데다, 외래어 '아케이드' 보다 제주어 '올레'가 재래시장 이미지에 맞는다는 것이었다. 익숙해진 기존 명칭을 고수하자는 이견도 있었지만, 번영회 이사회의 결의를 거쳐 '서귀포 매일 올레시장'으로 개칭되었다.

2010년 5월 30일, 매일 올레시장 명명식에서 테이프를 자르는 순간, 참으로 가슴이 벅차올랐다. 시장 상인들은 재래시장의 활로를 열어준 (사)제주올레에 크나큰 선물로 보답했다. 상가번영회 사무실 한 켠에 올레 안내센터와 기념품 판매소 공간을 내준 것이다. 안내센터는 번영회의 제안으로 '서명숙 상회'로 명명했다. 상호는 같지만 취급 품목은 완전히 달라졌다. 20세기에는 서귀포시 일대에 된장, 간장, 고추장, 미원을 파는 가게에서, 21세기에는 전 세계인들을 상대로 문화상품 '올레'를 파는 곳으로.

전 세계에서 몰려든 배낭 여행자들이 서귀포 매일 올레시장에서 서귀포의 먹거리와 인심을 맛볼 날을 꿈꾼다. 산티아고 재래시장에서 내가 그랬듯이. 혹시 아는가. 그때쯤이면 할머니가 되어 '서명숙 상회'의 자원봉사자로 일하면서 노점상 아주망들과 길가에 퍼질러 앉아 시원한 자리물회를 퍼먹고 있을는지.

토목공화국에서 '길쟁이'로 살아간다는 것

올레길을 내면서 내건 슬로건이 '안티 공구리'였다. 대한민국의 길은 차도건 인도건 간에 시멘트, 아스팔트, 보도블록으로 뒤덮여 있기에, 두 발이 행복하게 숨을 쉴 수 있는 흙길이나 돌길, 자갈길을 내고 싶었다. '토목공화국' 대한민국 본토에서는 불가능할지라도, 적어도 '제주특별자치도'에서는 가능할 줄 알았다. 열심히 찾아보면 그런 길을 낼 수 있으리라고 낙관하면서 2007년 7월, 제주도로 내려왔다.

그러나 천만의 말씀, 만만의 콩떡이었다. 내가 뭘 몰라도 한참 몰랐다. 전국에서 주민당 자동차 보유율이 가장 높은 곳, 도로 포장율이 높은 곳이 제주도였다. 그런데도 여전히 지방의회에서 가장 손쉽게 가결되는 것이 도로 확포장이고, 주민 민원 1순위 역시 '우리 마을길을 넓혀 달라, 제주시로 빨리 갈 수 있도록 큰 도로를 내달라'는 것이었다.

이 좁은 섬에 건설회사가 924개(종합건설사 250개, 전문건설사 674개)가 있음을, 내려오고 나서야 알았다. 건설회사, 지방의회의 건설족 의원, 도청 공무원 등 '건설 마피아' 트라이앵글은 주민의 숙원을 내세워 제주섬을 끊임없이 콘크리트로 뒤덮고 있었고, 섬과 바다의 풍경을 완전히 바꿔놓고 있었다.

수레에 달려드는 거미의 심정으로

서귀포시로 승격되기 이전 서귀포읍 시절의 '솔동산'은 기억 속의 그곳과는 완전히 다른 곳이었다. 우리집이 있던 서귀포 매일시장에서 초등학교로 가려면 솔동산을 거쳐야만 했다. 당시 최고의 번화가였지만 여러 갈래의 골목이 살아 있었고, 그 골목 안에는 키 낮은 집들이 옹기종기 이마를 맞대고 있었다. 솔동산과 서귀포항 주변에 실핏줄처럼 연결된 골목길은 여느 도시나 농촌의 것과는 확연히 달랐다. 골목의 끝에는 늘 숨겨진 보물처럼 푸르른 서귀포 바다가 '짜잔' 하고 나타났다.

그 골목에서 우리는 얼마나 많은 추억을 쟁여놓았던가. 하교 후 남학생들이 딱지치기를 하던 곳도, 여학생들이 치마를 돌돌 말아 올리고 고무줄을 하던 곳도 그 골목이었다. 우리 반 여학생들에게 '선생님께 고자질을 했다'는 이유로 모다치기(집단괴롭힘)를 당한 곳도 바로 그 골목이었다. 그 많던 골목들은, 다, 어디로 간 걸까.

솔동산은 평평해지고, 골목은 사라지고, 길은 휑하니 넓어졌다. 친구들이 살던 슬레이트 초가집을 뜯어내고 만든 도로 주변에는 시멘트로 지은 멋대가리 없는 건물들이 들어섰다. 6·25 전쟁 중 이 근처에 잠시 살았던 화가 이중섭이 그린 '섶섬이 보이는 풍경'은, 마을 풍경이 너무나도 달라져서 섶섬이 없었더라면 과연 이곳에서 그렸는지 의문이 갈 정도였다.

　　　　고향의 달라진 풍경을 보면서 '길쟁이'로서의 앞날이 순탄치 않으리라는 걸, 서울을 떠나오면서 주위 사람들에게 야심차게 선언한 '안티 공구리'의 실현이 그리 녹록치 않으리라는 걸 예감했다. 대한민국만 '토목공화국'인 줄 알았는데, 내 고향 제주특별자치도 역시 '토목특별자치도'였다. 그렇다고 되물릴 수도 없는 일. 다윗과 싸우는 골리앗의 심정으로 덤벼드는 수밖에 없었다.

끊임없이 삽질하는 터미네이터

　　　　본격적으로 길을 찾으러 나선 동생 동철이와 나는 절망했다. '어쩜 이렇게 동네방네 시시콜콜 포장을 해놓은 건지. 하루 차 한 대 지나갈까 말까 한 이 오지까지. 이 돈이면 이 동네 아이들 유치원 만들어주고 무료 급식 다 해주겠다!'

　　　　토목 마피아를 성토하는 욕이 절로 나왔다. 토목특별자치도에서 시멘트로 덮이지 않은 길을 찾는 건 한강에서 바늘 찾기만큼이나 힘든 일이었다. 그런지라 폭신폭신한 오롯한 흙길을 찾아내면 로또에 당첨되거나 올림픽 금메달을 따낸 것 이상으로 기뻤다.

　　　　더 어처구니없고 맥 빠지는 일은, 어렵사리 길을 찾아내서

코스를 개장했는데 개장 이후 삽질이 벌어지는 것이었다. 겨우겨우 흙길을 찾아 벼랑에 길을 낸 지 몇 달도 안 돼서, 공사 차량이 점령하여 콘크리트를 쏟아붓는 황당한 일을 얼마나 많이 겪었던가. 토목자치도의 삽질은 끊임없이 질주하는 터미네이터를 연상케 했다.

명품 코스로 소문난 올레 7코스 초반부 법환포구에서도 그런 일이 일어났다. 유서 깊은 이 어촌마을은 바닷가에서 동네 남정네와 아이들이 노천욕을 하고 여인네들은 방망이를 두드리며 빨래를 하는 전통이 고스란히 남아 있는, 개발의 손때가 묻지 않은 곳이었다. 7코스를 개장할 무렵만 해도 포구를 끼고 도는 마을길은 범섬과 갯바위가 어우러지는 바다 풍경을 감상하면서 한적하게 걸을 만한 정겨운 신작로였다.

그런데 어느 날 갑자기 주변에 덤프트럭이 십수 대 늘어서더니 뭔가를 퍼내가고 뭔가를 쏟아내고, 난리굿이 벌어졌다. 물어보니 도로 확장 공사란다. 서귀포시에 문의했더니 시에서 관장하는 공사가 아니란다. 이리저리 수소문해봤더니 국토해양부가 지원하는 '관광어촌 만들기' 사업의 일환이란다.

으악, 알고 보니 이 사업은 도로 확장만이 아니라 해녀 체험장, 해녀의 집, 해안 산책로 등을 망라하고 있었다. 파도소리와 물새 울음소리만 들리던 포구는 그날 이후 몇 달 동안 공사 차량의 굉음, 콘

ⓒ김진석

크리트 쏟아붓고 타설하는 소리, 뚝딱뚝딱 건물을 짓는 소음으로 뒤덮였다. 그 길을 지날 때마다 손발이 오그라드는 것 같았다. 당장의 소음과 불편은 그렇다 치고, 공사가 끝나고 난 뒤에 어떤 풍경이 펼쳐질지 알 수 없었다.

30억 원을 투입했다는 공사가 드디어 마무리되었다. 바닷가 갯바위 위에 시멘트를 부어서 만든 산책로(누가 이런 발상을 했을까!)는, 푸른빛 바다와 검은색 현무암의 강렬한 대비에 생뚱맞은 회색이 끼어든 격이었다. 수천, 수만 년 세월을 견뎌낸 갯바위 수십 개를 통째로 들어낸 자리에 조성된 해녀 체험장은 거대한 콘크리트 풀장이었다. 바닷물을 가둬 해녀 체험을 시키겠다는 이 놀라운 상상력이라니! 수많은 태풍과 바람이 지나가는 길목에서 콘크리트 더미에 갇힌 바닷물의 수질은 어떻게 관리할지, 걱정이 절로 앞섰다.

일은 여기에서 끝나지 않았다. 올레의 첫 탐사대원 김수봉이 삽과 곡괭이로만 만든 '수봉로'와, 그 수봉로를 거쳐 공물해안으로 내려가는 억새 우거진 오솔길을 혹 기억하는지. 해풍에 흔들리는 억새의 군무를 감상하면서, 세월에 씻겨 동글동글해진 몽돌이 자글자글 소리 내는 해안을 바라보는 즐거움이란! 보드라운 흙으로 덮인 좁은 오솔길은 그 즐거움을 배가시키는 요소였다.

법환포구 공사가 마무리될 즈음, 이 몽돌해안 군데군데에 빨간 깃대가 꽂혔다. 불길한 예감이 들었다. 아니나 다를까. 국토해양부가 지원한 50억 원 중 남은 20억 원으로 도로를 내기 위해 측량용으로 세운 것이란다. 아니, 이 한적한 해안에, 바닷가 절벽으로 가로막힌 구간에 웬 도로? 이건 해도 너무한 거 아냐? 깊은 절망감이 엄습했다. 우린 무적함대와 싸우고 있구나. 도저히 이길 수 없는.

법환리 어촌계장을 만나 긴곡히 호소했다. 수많은 올레꾼들이 이 오솔길을 걸으면서 길을 내준 마을에 고마워한다, 수봉로에서 공물해안을 거쳐 법환포구로 가는 길은 올레에서도 최고의 명품 구간이다, 이 길을 그대로 놔둔다면 더 많은 올레꾼들이 마을로 유입되고 엄청난 관광소득으로 이어질 것이다, 길은 언제든지 만들 수 있지만 경관은 한번 망치면 되돌리기 힘들다, 등등. 그는 다행히도 귀를 기울였고, 마을회의를 거쳐 공물해안의 오솔길은 개발의 삽질에서 살아남았다.

느리게 걷자면서 길은 빨리 내는 이유

법환포구 사건은 내게 '되도록 코스를 빨리 내야 한다'는 교훈을 주었다. 법환포구에 7코스를 미리 내지 않았더라면, 이 한적한 포구에 올레꾼들을 불러들이지 않았더라면 국토해양부가 이미 예산까지 내려보낸 사업을 중단시키고, 마을의 변화와 소득의 증대를 갈구하는 주민들의 열망을 잠재울 수 없었을 터. 다른 마을에도 내가 모르는 이런 식의 개발 계획이 수없이 도모되고 있을 게 분명했다.

터미네이터에게 지지 않으려면, 그들이 제주도를 완전히 망가뜨리지 않도록 견제하려면 우리는 그들보다 빨라야만 했다. 아주 좁은 걷는 길 하나만으로도 뻥 뚫린 2차선, 4차선 해안도로보다 더 많은 여행자를 불러들이고 주민의 소득을 높일 수 있다는 걸 눈으로 보여줘야만 했다. 그러지 않고선 주민들의 개발 욕구를 막을 도리가 없었다.

법환포구 사건 이후 우리는 한 달에 하나씩 코스를 내면서 질주했다. 큰돈을 들여 대규모 공사를 해가면서 내는 길이 아니기에 그나마 가능한 일이었다. 새로운 코스를 내는 것도 일이지만, 기존 코스를 관리하는 것 또한 만만치 않은 일이었다. '가지 많은 나무에 바람 잘 날 없듯이' 코스가 많아지고 올레꾼이 늘어나다 보니 늘 어디선가 무언가 일이 터지곤 했다. 탐사대원들은 격무에 허덕였고, 사무국 스태프들은 신경줄이 곤두서 있었다.

그런데도 나는 일 년여 동안 '매달 한 코스씩 개장' 방침을 포기하지도 철회하지 않았다. 토목특별자치도에서 길쟁이로서 살아남기 위해, 올레꾼에게 더 많은 길을 선사하기 위해, 더 많은 마을에 가능성을 보여주기 위해 그 길밖에는 달리 길이 없었기에.

2010년 6월 26일 추자도 올레가 개장되면서 제주올레길은 스물한 개 코스, 340킬로미터에 이르렀다. 9월이면 제주공항으로, 12월이면 제주시로 진입한다. 그동안 입에 단내가 날 정도로 탐사국과 사무국 사람들이 애쓴 결과다. (사)제주올레가 15~20킬로미터에 이르는 코스 하나를 개척하는 데 지자체에서 보조받는 예산은 단돈 900만 원(그중 70퍼센트는 인쇄물 제작비다). 4차선 도로 1킬로미터에 평균 40억, 6차선 도로 1킬로미터에 60억의 예산이 든다고 한다.

토목공화국 토목특별자치도에서 길쟁이로 산다는 건 미친 짓이다. 자신은 물론이거니와 주위 사람들마저 생고생을 시키는 짓이다. 토목공화국의 미친 속도에 맞서서 걷는 길을 내려면 입에서 단내가 난다. 어머니가 길을 내러 고향으로 돌아간다는 내게 '미쳐도 단단히 미쳤다'고 한 말은 곱씹을수록 맞는 말이지, 싶다.

그러나 이 미친 짓이 즐거운 걸 어쩌랴. 그 길을 걷는 이들이 행복하다고 말하는 순간 그동안의 고생이 싹 날아가는 걸 어쩌랴. 숨어 있는 길, 잊혀진 길을 찾아내면 대형 특종을 건진 것처럼 엔도르핀이 팍팍 솟는 걸 어쩌랴. 그 맛에 나는 토목공화국 토목특별자치도에서 오늘도 길쟁이로 살아간다.

ⓒ김진석

올레 스토리 4

늦어도 괜찮다고
기다려주는 길,
아픈 상처를
보듬어주는 길

ⓒ김진석

놀쉬멍의
지존,
펭귄
원정대

"서선배, 류마티스학회에서 공동 행사를 한번 하자는데,
어떻게 할까요?"
"우리가 언제 공동 행사 한 적 있니.
그냥 오셔서 걸으면 된다고 해."
"이건 한번 생각해보자구요. 환자들이잖아요.
올레길이 치유의 길이라면서요?"

대한류마티스학회와 공동으로 개최한 걷기 행사는 이렇게 시작됐다. 학회 준비팀은 보행이 자유롭지 않은 환자들이니만큼 평탄하고 휠체어도 진입할 만한 코스를 추천해달란다. 난감한 주문이었다. 올레길은 애시당초 바퀴 달린 탈것이 진입하기 힘들도록 낸 길인데다 오름을 낀 코스가 대부분이다. 궁리 끝에 굴곡이 별로 없는 아스팔트 구간인 8코스 후반부(논짓물-대평포구)를 추천했다. 대평포구의 아름다운 노을을 볼 수 있다면 환자들에게 큰 선물이 되리라는 기대감을 안고서.

내가 가장 좋아하는 별칭 '치유의 올레'

2010년 3월 8일 오후 2시. 펼침막이 내걸린 논짓물 주변에는 예상보다 많은 사람들이 모여 있었다. 환자, 환자 가족, 도우미 자원봉사자 이렇게 3인 1조로 움직여야 하기에 참석자가 불어날 수밖에 없단다. 휠체어에만 의존하는 환자 몇을 제외하고선, 대부분 불편한 몸을 이끌고서라도 가급적 걷기로 했단다.

류마티스학회 이사장과 환우회장이 먼저 인사말을 했다. 환우회장의 이야기 중에 '우리는 펭귄 원정대'라는 말이 귀에 들어왔다. 펭귄 원정대라고? 환자들이 아픈 몸을 이끌고 남극을 다녀왔나? 올레 한 코스도 완주하기 힘들어서 두세 시간만 걷겠다는 환자들이? 궁금했지만 다른 사람을 붙들고 물을 수도 없었다.

"마지막으로 제주올레길을 만든 서명숙 이사장에게 한 말씀 듣기로 하자"고 사회자가 말했다. 아니 뭐야, 그냥 걷는 줄만 알고 아무런 준비도 안 했는데. 시킨 사람 무색하게 사양할 수도 없어서 즉흥 스피치를 시작했다.

"평소 잘 걸어보지 않으신 분들이 먼 곳 제주까지 와서 걸으신다고 해서 나왔다. 오늘 비가 온다고 했는데 걷기에는 오히려 좋은 날씨인 것 같다. 제주올레길은 평화의 올레, 사랑의 올레, 대화의 올레 등등 여러 별칭을 갖고 있지만 그중 제가 가장 좋아하는 콘셉트는 치유의 올레다. 속도와 경쟁에 지친 현대인들이 천천히 걸으면서 자신을 돌아보는 사이에 어느덧 마음이 치유된다는 뜻이다. 육체적인 병 또한 마찬가지라고 믿는다."

여기까지는 그럭저럭 괜찮았는데, 문제는 그 다음부터였다. 몸이 불편한 환자들을 대하니 문득 서울에 계신 친정엄마 생각이 났다. 어머니는 제주도 여자답게 타고난 건강체질에 강인한 정신력의 소유자로, 식료품 가게를 하며 억척스레 생계를 꾸려온 분이다. 하지만 한평생 몸을 너무 많이 부린 탓일까, 십여 년 전 전철역에서 손주를 잠시 놓치고 허둥대다 발을 삐끗한 후유증 때문일까. 칠십 줄에 접어들자 다리 힘줄이 당긴다고 호소하는가 하면, 팔다리가 쑤셔서 잠을 못 이루는 날

이 많아졌다. 올레길에 두어 차례 다녀갔지만, 한 번도 코스를 완주하지 못해 못내 안타까웠다. 엄마와 걷고 싶어 만든 길이기도 한데.

"사실 저희 어머니도 류마티스 관절염 환자입니다. 여러분을 맞는 제 마음이 그래서 더 각별합니다. 제주의 아름다운 풍광과 맑은 바람을 즐기면서 부디 천천히, 무리하지 말고 걸을 수 있을 만큼만 걸으시기를 바랍니다."

갑자기 주변이 술렁거리면서 "그랬구나!", "어머 저런" 하는 수군거림이 들려왔다. 심각한 얼굴로 고개를 끄덕이는 이들도 있었다. 어머니 나이가 팔순으로 접어드는데, 그 나이면 대부분 류마티스에 시달리는 거 아닌가. 주변의 술렁임이 도리어 의아했다.

간단한 몸풀기가 끝나고 막 출발할 무렵, 후배 은주가 다가와 살며시 귓속말을 했다. "선배 엄마 류마티스 관절염 환자 맞아? 멀쩡하신 엄마를 왜 환자 만들고 그래?" "아니, 그 연세엔 웬만하면 다 신경통이잖아." "그냥 신경통하고 류마티스하곤 완전 달라. 류마티스는 무지 심각한 병이야. 옆에 앉은 의사선생님이 선배 엄마 정말 그러시냐고, 당신이 좀 봐드려야겠다고 해서 얼마나 철렁했는지 알아?"

아뿔싸, 내가 또 오바를 했구나. 은주는 언론사에 근무할 당시 의학 전문 기자로 활동했으니 류마티스 관절염과 신경통의 차이를 잘 알고 있었다. 하지만 문외한인 나는 의약품 광고마다 나오는 '류마티스 관절염'을 노인성 신경통쯤으로 오해했던 것이다. 무식하면 용감하다더니, 엄마를 중병환자로 만들고 공개석상에서 거짓말을 한 셈이 되고 말았다. 창피해서 쥐구멍으로 들어가고 싶었지만, 기왕 엎질러진 물. 그들과 함께 걸으면서 성의껏 설명하기로 마음을 고쳐먹었다.

세상에서 가장 느린 '최고의 올레꾼들'

자세히 살펴보니 환우들 대부분은 손발이 뒤틀리거나 오그라들어 있었다. 개중에는 새파란 젊은이도 있었다. 모녀가 나란히 걸어가길래 어머니 쪽이 환자인 줄 알았더니 나어린 아가씨가 류마티스 관절염 환자란다. 각자 휠체어에 앉아 손을 맞잡은 커플은 무려 이십칠 년 만의 외출이라면서 환하게 웃었다.

흰 도화지가 물감을 빨아들이듯 그들은 올레길의 풍광을 하나도 놓치지 않았다. 목덜미를 간질이는 햇살에 이리저리 얼굴을 돌려대고, 길섶에 핀 작은 들꽃에 눈길을 주고, 파도소리에 한참이나 귀를 기울였다. 최고의 올레꾼들이었다.

한 처자는 태어나서 처음 오래 걸어본다면서, 이렇게 행복한 건 처음이라며 꽃처럼 웃었다. 그 미소가 가슴을 후려쳤다. 바람과 햇살을 맞으며 걸을 수 있다는 것만으로도 저토록 충만할 수 있다니. 올레꾼이 갑자기 늘어나면서 챙겨야 할 일도 늘어나 부쩍 신경이 예민해진 나를 돌아본다. 내가 가진 것, 내가 할 수 있는 일, 내가 도울 수 있는 사람이 얼마나 많은가. 그녀의 미소는 내가 누리는 행복을 새삼 일깨워주었다.

'펭귄 원정대'에 대해서도 절로 의문이 풀렸다. 팔다리 근육의 수축과 마비 때문에 뒤뚱뒤뚱 걷는 모습이 펭귄 같다고 해서 붙여진 이름이란다. 펭귄 원정대는 세상에서 가장 느린, 그러나 가장 많은 것을 보고, 가장 충만하게 느끼는 최고의 올레꾼들이었다.

하예포구에 이를 즈음 행사 관계자들이 '이쯤에서 그만 접고 차량으로 이동하시겠느냐'고 환우들에게 물었다. 다들 고개를 가로저었다. 마침내 8코스 종점인 대평포구. 웅장한 박수기정이 그 모습을 드러내자 다들 환호성을 내질렀다. '해냈다'는 기쁨이 참가자들 사이에 흘러넘쳤다. 그들은 완주 기념으로 올레 사무국에서 준비한 노란 제주 수선화와 8코스 완주 기념 스탬프가 찍힌 올레 패스포트를 오그라든 손으로 힘겹게 움켜쥐고 올림픽 금메달이라도 받은 것처럼 기뻐했다. 한 의사선생님이 내게 넌지시 일러주었다. "저분들, 오늘 저녁에 녹초가 될 거예요. 내일 오전까지는 사지경직으로 꼼짝도 못 할지 몰라요. 하지만 오늘 특별한 기쁨을 맛보았으니 고통 속에서도 행복해할 겁니다."

그날 행사에서 돌아오자마자 인터넷 검색으로 류마티스 관

절염에 대해 알아보았다. 조기에 발견해서 치료하면 완치되는 경우도 있지만, 나았다가도 다시 발병하는 탓에 마라톤처럼 긴 호흡으로 대처해야 하는 병, 암도 정복해가는 첨단의학에서도 아직까지 발병 원인을 정확히 밝혀내지 못한 수수께끼의 병, 잘못된 면역반응으로 자신의 관절세포를 공격하는 병, 서서히 사지경직이 일어나기 시작해서 손가락 발가락까지 움직일 수 없는 지경에 이르는 병, 건강을 자신하던 젊은이들에게도 느닷없이 찾아와서 인생의 복병처럼 뒷덜미를 후려치는 병, 여자 환우는 설거지는 물론 살림을 제대로 할 수 없어서 발병 후 이혼율이 가장 높다는 병!

류마티스 관절염에 대해 알고 나니 '우리 어머니도 류마티스' 운운했던 게 더욱 맘에 걸렸다. 뒤늦게나마 그들에게 미안한 마음을 전하고 싶다. 당신들과 함께 걷는 짧은 시간 동안 많은 것을 배웠노라는 고백과 더불어.

그들은 운명의 습격을 받으면서 세상에서 진정 소중한 것을 깨우친 선지식들이었다. 바람 한 줄기, 꽃 한 송이, 구름 한 조각에도 행복해할 줄 아는 마음의 부자였다. 중년의 남성 환우가 헤어지면서 내 손을 꼭 잡으며 다짐했다.

"다음번에는 한 코스를 다 걸어볼래요. 천천히, 천천히요."

최고의 올레 고수인 펭귄 원정대가 올레길을 다시 찾을 날을 기다린다. 천, 천, 히, 그들과 걸을 날을.

> 죽으려고 왔는데,
> 살래요
> 살고 싶어졌어요

　　　　대학을 졸업할 무렵 신장염으로 크게 앓았다. 눈두덩이가 통통 부어오르고 주먹을 쥘 수 없을 만큼 손가락이 부어올랐다. 허리를 곧추 세우고 앉아 있을 수 없어서 노상 누워 지내야만 했다. 식욕도 떨어져서 나날이 체중이 줄어들어 맞는 옷이 없을 지경이었다. 바짝 마른 몸에 통통 부은 얼굴, 괴물이 따로 없었다.

취업을 포기하고 고향 서귀포로 내려와 일 년간 투병생활을 했다. 시장 아주머니들은 어머니에게 아픈 딸 먹이라며 전복이나 홍해삼 따위를 건네주었고, 그때마다 어머니는 '얼마나 안돼 보였으면 그럴까' 한숨을 내쉬었다. 귀향이 아닌 낙향이었기에 이웃의 염려와 위로조차도 우리 모녀에게는 가슴을 후비는 비수요, 상처에 뿌리는 소금이었다.

'서울까지 유학 부냈더니 데모하다가 병 얻어서 돌아왔다더라.' 동네 사람들의 수군거림과 동정의 눈길을 피해, 매일같이 외돌개 폭풍의 언덕에서 하염없이 먼 바다를 바라보거나 솔숲에서 우두커니 앉아 있곤 했다. 일망무제 너른 바다가 내 눈물을 받아주고, 싱그러운 솔바람이 설운 마음을 달래주던 시절. 자연의 침묵이 사람의 천 마디보다 더 위로가 된다는 걸 그때 알았다.

그래서일까. 올레길에 깃든 메시지는 무궁무진하지만, 그중에서도 나는 '치유의 올레'를 첫손가락으로 꼽는다. 올레길에는 아픈 이들이 많이 찾아든다. 몸이 아픈 이도, 마음이 아픈 이도 있다. 그중에서도 유난히 암 환자들이 많다고 올레 숙소 주인들은 증언한다. 초기에 발견하면 거의 완치될 정도로 현대의학은 가파르게 암을 정복하고 있지만, 아직도 암 선고를 받으면 패닉 상태에 빠지는 이들이 많다. 몸보다 마음이 먼저 무너져내리는 것이다.

"사실, 죽으려고 제주도 내려왔어요"

서귀포시 터미널 근처의 낡은 여관 '민중각'. 올레꾼의 입소문을 타고 전국에 알려진 대표적인 올레 게스트하우스다. 탐사국의 '돌싱' 수호가 이 여관에 달세방을 얻어 살고 있었는데, 손님이 없어 고전하는 여관에도, 싼 방을 찾는 올레꾼에게도 도움이 될 것 같아 주인에게 '게스트하우스'를 권했다. 게스트하우스로 변신한 민중각의 첫 손님은 올레 마니아 '로망' 님이었고, 그는 특유의 유머러스한 필치로 블로그와 올레 홈피에 민중각을 소개했다. 결과는 초대박! 이후 민중각을 본떠 수십 개의 게스트하우스가 서귀포 시내에 우후죽순 생겨났지만, 민중각은 여전히 인기 짱이다. 올레 코스를 손금 들여다보듯 훤히 꿰는 주인 부부가 최적의 조언을 해주고, 저녁마다 옥상에서 흥겨운 막걸리 잔치가 벌어지기 때문이다.

스물아홉 살의 서울 처녀 A도 머무는 동안 술자리에 빠짐없이 참석해 흥겨운 시간을 보내곤 했다. 많이 마시는 편은 아니었지만 조금씩 즐기는 타입이었다. 투숙 닷새째, A가 여주인 백혜진에게 말했다. "언니, 저 작년에도 왔었는데, 기억 못 하시죠?" "어, 그랬어? 나 왔다간 올레꾼들 거지반 기억하는데 왜 기억에 없지?" "아유 괜찮아요. 그땐 남자친구랑 와서 언니랑 별로 얘기도 못 나눴으니까. 머리를 깎아서 모자도 푹 눌러쓰고 있었고." "왜 이번엔 혼자 왔어?" "헤어졌어요."

알고 보니 A에게는 연인과의 이별보다 더 큰 상처가 있었다. 지난해 가을, A는 십 년을 한결같이 자기 곁을 맴도는 남자친구와 결혼하기로 결심하고 형식적인 절차로 별 생각 없이 건강검진을 받았다. 그런데 마른하늘에 날벼락이 떨어졌다. 자궁암 말기라는 선고를 받은 것이다. 암세포가 너무 퍼져서 자궁을 몽땅 들어내지 않으면 사 년밖에 못 산다기에 수술을 받았다. 미혼의 '빈궁마마'가 된 것이다.

"남자친구랑 그래서 헤어졌구나. 상대방을 놓아주려고."

영화보다 더한 현실이라고 여주인은 짐작했다. 그런데 A의 대답은 여주인의 감상을 여지없이 박살냈다. "병 때문은 아니고요. 기분도 전환할 겸 같이 올레길 걸으려고 내려왔는데, 여러 날 지내다 보니 내가 이 남자를 참 몰랐구나 싶더라고요. 전형적인 마마보이에 왕소심쟁이더라구요."

A는 더 놀라운 사실을 털어놓았다. "사실, 이번엔 죽으려고 제주도 왔어요. 아무도 모르는 곳에서 조용히 죽고 싶었죠. 놀아볼 만큼 놀아봤고, 세상에 별 미련이나 애착이 없었어요. 항암치료도 중단했어요. 그런데 걷다 보니 모든 걸 잊게 되더라고요. 그냥 비가 오는구나, 바다 빛깔이 참 곱구나, 저 들꽃은 이름이 뭘까, 그런 생각밖에. 이젠 살고 싶어요. 살아서 아름다운 바다도 더 보고, 올레도 더 걷고 싶어요. 서울 올라가서 항암치료 계속 받을래요."

"여보, 애들아, 나 완주했어! 장하지?"

　　　　민중각과 더불어 올레꾼에게 사랑받는 '세화민박'. 올레 코스에서 제법 떨어진 표선면 세화리에 들어앉은 전형적인 농가주택이다. 주인 부부는 부산, 마산 경상도 토박이로 삼 년 전에 제주로 이주했다. 이주 첫해, 안주인 정영희씨는 이질적인 제주 문화에 적응하기 힘든데다 외로움까지 겹쳐 우울증에 시달렸다. 한밤중에 슬리퍼를 신은 채 바닷가를 향해 정처 없이 걸어가는 아내를 자동차로 뒤따라가며 남편 정수보씨는 마음을 졸았다.

　　　　그런 그녀가 텔레비전 방송에서 내 특강을 듣고 연락을 해왔고, 그녀의 집을 방문한 길에 "음식 솜씨가 좋으니 올레꾼 민박을 해보라"고 강권했다. 손사래를 치던 영희씨는 여성들만 받는다면 한번 해볼까, 한발 물러섰다.

　　　　이곳에 묵는 올레꾼들은 안주인의 꾀꼬리 같은 노랫소리에 잠을 깨고, 그녀가 차려주는 근사한 아침상에 놀란다. 우울증에 시달렸던 그녀는 요즈음 '행복합니데이'라는 말을 입에 달고 산다. 주인이 행복하니 손님도 덩달아 행복해질밖에. 행복 바이러스가 넘치는 곳이 세화민박이다.

　　　　어느 날, 이 '해피 하우스'에 유난히 표정이 어두운 중년 여

성 B가 찾아들었다. 세화의 집 아침 식탁에서는 늘상 여자들의 유쾌한 수다가 끊기지 않는다. 그러나 B는 그저 묵묵히 숟가락질만 하더란다. 한때 우울증으로 말을 잃었던 여주인은 B에게 억지로 말을 붙이지 않았다. 대신 집을 나서는 B에게 주먹밥과 삼다수 한 병을 살며시 쥐어주었다. 집안일을 하면서도 내내 B가 맘에 걸렸다. 무슨 사연이 있길래 저리 침울한 걸까. 올레길마저 시큰둥해하면 어쩌나.

영희씨의 걱정은 그러나 기우였다. 오후 늦게 집으로 돌아온 B의 표정은 아침의 그 여자가 맞나 싶을 만큼 환했다. 그녀는 활짝 웃으면서 먼저 말을 걸어왔다. "아주머니, 저 1코스 다 걸었어요. 광치기까지 여섯 시간이나 걸렸어요." "아이고마, 장하데이."

어린아이나 노인도 특별한 악천후만 아니면 다들 완주하는 올레길이건만, 하루 만에 환해진 그녀가 기특해서 영희씨는 호들갑스럽게 칭찬해주었다.

샤워를 마치고 난 B는 여기저기 전화를 걸어대기 시작했다. 여보 나 완주했어, 정말 행복해! 애들아 엄마가 15킬로미터나 걸었단다, 엄마 장하지? 최선생도 올레길 한번 걸어봐요…… 참 어지간히도 호들갑이다, 영희씨는 생각했단다. 저녁 식탁에서 B가 털어놓는 사연을 듣고서야 '아주 특별한 완주'였음을 알게 되었다.

"전 초등학교 선생님이에요. 이십 년 넘게 교단에 서면서 반 아이들을 내 자식처럼 예뻐했어요. 아들도 둘 있고요. 그런데 지난해 건강검진에서 난데없이 유방암 선고를 받았어요. 결국 한쪽 가슴을 도려내야만 했지요. 평소에 건강해서 암은 남의 일인 줄 알았는데. 남편도, 자식도, 학생들도 모두 원망스럽더라고요. 동료 교사나 친구들도 저를 동정하는 것만 같아서 심사가 뒤틀렸어요. 일 년간 휴직계를 내고 모든 관계를 단절한 채 방에만 틀어박혀 지냈지요. 어느 날 텔레비전 화면에서 올레길을 보게 됐어요. 문득, 가고 싶다는 생각이 들더라고요. 그래서 용기 내서 온 거예요."

그런 아픔이 있었구나. 그제서야 영희씨는 B의 그늘진 표정이 이해됐다. 외로운 나머지 병에 걸렸던 그녀는 병 때문에 외로움을 택한 B에게서 동지애를 느꼈단다.

"참 신기한 일이죠. 걷다 보니, 두 눈이 성해 푸르른 하늘을 볼 수 있고, 두 발이 성해서 이 아름다운 오름을 걸을 수 있구나, 난 행복한 사람이라는 생각이 들었어요. 수술 후로는 없어진 가슴만 생각하면서 살았는데, 내가 가진 게 얼마나 많은지 비로소 깨달았어요."

그렇다. 대부분의 암환자들은 육체적 고통 못지않게 충격,

원망감, 상실감 등에 시달린다. 그런 부정적인 감정은 암세포가 자라는 데 영향을 미칠 뿐, 암세포를 물리치는 기운을 불어넣을 리 만무하다. 긍정적인 마음이야말로 육체의 병을 이기게 해주는 최고의 도우미이자 응원단이다.

순수한 자연, 위대한 자연은 인간에게 겸손, 행복, 용서, 감사를 말없이 가르친다. 자연은 위대한 스승이자 뛰어난 의사다. '에코힐링(Eco Healing)'이란 개념이 현대의학에서도 자연스럽게 받아들여지고 있지 않은가. 길은 몸과 마음을 두루 치유하는 종합병원이다. 제주 올레만이 아니라 자연을 품은 모든 길이 '치유의 올레'다.

보듬고 쓰다듬고
다독여주는,
설문대할망의
손길

제주인이라면 그녀의 존재를 모르는 사람이 없다. 그녀가 등장하는 다양한 버전의 설화를 귀에 딱지가 앉도록 들으면서 자랐기에, 제주 곳곳마다 그녀에 얽힌 설화가 깃들어 있기에. '돌하르방' 정도만 아는 외지인에게는 낯선 이름일는지 모르지만, 제주인에게 '설문대할망'은 제주의 알파요 오메가다.

그녀, 설문대할망. 한라산에 누워 기지개를 켜면 두 다리가 서귀포 범섬에 닿을 정도로 거구인 그녀는,

행주치마에 흙을 주워 담아 한라산을 만들었다.
그때 조금씩 흘러내린 흙은 360개가 넘는 오름이 되었다.
그녀가 싼 어마어마한 오줌은 제주바당이 되었다.
행주치마에 물을 담아서 해안가 마을에 조금씩 흘려주었는데 도중에 물이 떨어지는 바람에 몇몇 마을에는 아직도 용천수가 솟지 않는다.
옷을 한 벌 지어주면 육지를 잇는 다리를 놔주마고 했는데 마을 사람들이 천이 모자라서 속옷을 못 해주자 화가 나서 중도에 포기하고 말았다.
아들을 오백이나 두었는데, 아들들 사냥 간 사이 죽을 끓이다가 그만, 국솥에 빠져 죽고 말았다.
맨 나중 차례인 막내아들이 솥 밑바닥에서 어머니의 뼈를 발견하고선, 어머니가 빠진 죽을 맛나게 먹은 형들을 원망하며 비통함을 못 이겨서 멀리 고산리 차귀로 날아가서 바위가 되었다.
뒤늦게 이 사실을 알게 된 아들들은 통곡하다가 그 자리에서 돌이 되었고 영혼은 까마귀가 되었다.
한라산 영실의 오백장군 바위가 된 아들들은 이후 제주를 지키는 수호신이 되었다…….

　　　　거대한 스케일의 창조설화이면서도 인간적인 서사구조를 지닌 이 이야기의 주인공이 설문대할망이다. 민완기자를 꿈꾸던 어린 내게 설문대할망의 이야기는 황당무계함, 그 자체였다. 토속적인 판타지로 가득 찬 신화적 세계관을 이해하기에는 너무 어린, 근대화와 서구 문명을 지향하는 '새 나라의 어린이'였으므로.

멋지다 희망적이다 현대적이다, 설문대할망

　　　　　남성주의 문화로 충만한 고려대학교에서 여학생끼리 모여서 여성학을 공부하고, 전쟁터 같은 언론사에서 살아남으려 바둥거리고, 뼈가 물러앉는 고통을 견디면서 두 아들을 출산하고, 가정과 직장을 병행하느라 눈코 뜰 새 없이 살아가는 사이, 설문대할망을 조금씩 이해하기 시작했다. 보기엔 아름답지만 살기는 너무나 팍팍했던 제주인들의 척박한 현실을, 더 나은 삶을 염원했던 그들의 로망을, 자식을 위해 제 몸까지 내어주는 지극한 모성을.
　　　　　무엇보다도 설문대할망은 자신의 순결한 노동으로 제주섬을 만들어냈다. 행주치마로 흙을 퍼나르는 고단한 노동으로 하나의 세계를 만들어낸 그녀. 노동하는 창조주라니, 얼마나 놀랍고 감동적인 메시지인가. 설문대할망의 전통은 대대손손 이어져서, 제주 여성치고 노동하지 않는 여성을 찾아보기 힘들다. 노동하는 여성의 전형인 제주 해녀들은 팔십대의 고령에도 추운 겨울날 바닷속에 뛰어드는 '현역'을 고집한다. 집에만 있으면 도리어 생병이 난단다. 해녀들만이 아니다. 팔십, 구십이 되어서도 제주 할망들은 며느리나 자손들의 손을 빌리지 않고 조석을 직접 끓여먹고, 우영팟에 야채를 길러서 할망시장에 내다 팔아 손주에게 용돈을 쥐어준다(그러니 손주들에게 인기가 좋을 수밖에. 무릇 모든 권력은 돈으로부터 나온다 ^^). 노동이야말로 자신의 정체성을 지키고, 인격을 유지하고, 삶의 진정한 주인이 되는 길이다.

물론 노동하는 여자가 늘 삶의 주인공이 되는 건 아니다. 예로부터 노동하는 여자 하녀, 노예가 얼마나 많았던가. 노동이 주체적인 삶을 보장하기는커녕, 예속과 굴종을 강요하는 수단으로 악용된 사례는 또 얼마나 많은가. 그러나 설문대할망은 스스로의 노동으로 신이 된 여자이기에 멋지고 희망적이고 현대적이다. 현대여성은 손에 물 한 방울 안 묻히고 살지만 독립성은 쥐뿔도 없는 '대갓집 마님'보다는 스스로 돈을 벌어 제 권리를 행사하는 '골드미스'나 '워킹맘'을 지향한다.

거대한 몸집만큼 사랑의 마음도 컸으리

그녀, 설문대할망은 주민들의 삶을 진심으로 걱정하는 배려형 지도자다. 그녀는 섬을 만든 데에 자족하지 않았다. 바닷물이 눈앞에 넘실거려도 먹을 민물이 없으면 생활이 불가능한 법. 이를 안타깝게 여긴 설문대할망은 행주치마에 물을 담아 골고루 나누어주었다. 해안가에 마을이 맨 먼저 형성된 곳은 용천수가 솟아나는 지역이었으니, 제주에서 물은 곧 생존을 의미했다.

　　　　배려와 나눔의 정신은 후손들에게도 이어졌으니, 조선시대 거상 '김만덕(KBS 대하드라마의 주인공)'이 바로 그 대표적인 케이스다. 영조 집권기인 1795년, 삼 년째 계속되는 극심한 기근으로 제주섬 전체에 아사자가 속출하자, 객주와 무역업으로 평생 축적한 재산을 아낌없이 내놓아 육지의 쌀을 사들여 도민을 구휼한 독신녀, 김만덕! 그녀도 설문대할망의 전설을 듣고 자랐기에 나눔의 철학을 절로 체득하게 된 건 아닐까.

　　　　뿐만 아니다. 설문대할망은 강력한 모성성의 화신이다. 무려 오백이나 되는 아들을 낳고(나는 둘도 키우기 힘들어 징징대건만!), 먹을 것 없는 섬에서 힘이 장사인 그들을 어렵사리 길러내고, 그들을 먹일 팥죽을 쑤다가 목숨까지 바치고 말았다. 막내아들이 죽을 먹은 형님들을 대놓고 비난하고, 뒤늦게야 알아차린 아들들이 대성통곡 했다는 걸 보면 평소에 틀림없이 자상하고 정감 어린 어머니였을 터. 조금씩 버전이 다른 설화마다 한결같이 그녀의 거대한 체격이 강조되는데, 몸만 아니라 사랑의 마음도 그만큼 컸으리라.

　　　　이야기는 설문대할망의 일방적이고도 무의미한 희생으로 귀결되지 않는다. 용맹하되 철없던 아들들은 뒤늦게 진심으로 회개하고, 한라산에서도 가장 빼어나고 영험한 영실계곡에서 제주를 지키는 수호

ⓒ현대카드 제공 (사진가 민희기)

신이 된다. 어머니의 고귀한 희생을 통해 새로운 지평이 열린 것이다. 놀라운 반전이요, 대단한 비약이다. 숱한 제주 양민들이 무고하게 희생된 '제주 4·3'이 후세 사람들에게 평화를 향한 절절한 염원을 이끌어냈 듯이.

그녀의 품에 안겨 울기도 하고 응석도 부리고

그러나 제주로 귀향하기 전까지만 해도 나는 설문대할망을 '사회적 코드'로만 해석했다. 가장 중요한 핵심인, 그녀가 만든 '자연'은 메타포로만 받아들였다. 도시에서 기자생활을 하는 동안 사회적 문제에 함몰된 나머지 제주의 자연을 잊고 살았기 때문이다.

올레길을 탐사하면서 제주의 오름을, 곶자왈을, 용천수를, 제주 바당을 오감으로 느끼고 마음으로 껴안게 되었다. 비로소 제주의 자연에 깃든 여성성이 눈에 들어오기 시작했다. 서귀포에서 보이는 한라산의 모습은 영락없이 긴 머리를 풀어헤친 제주 할망이었고, 그녀의 너른 품은 낮은 오름들을 자식처럼 감싸 안고 있었다. 엇비슷하면서도 저마다 다른 오름의 곡선은 젖먹이를 기르는 어머니의 탱탱한 젖가슴 같기도, 말라붙은 할머니의 납작한 젖무덤 같기도 했다. 나이 쉰을 넘겨 고향의 품에 다시 안기고 나서야 왜 제주인들이 여성을 창조주로 이해했는가를 깨닫게 되었다. 제주 자연은 여성성, 그 자체였다.

　　남성적인 자연은 스케일이 크고 수직적이며 직선적이다. 미국의 그랜드캐니언, 노르웨이의 피요르드 협곡, 일본의 삼나무 군락, 네팔의 히말라야 연봉이 그렇듯이. 남성적인 풍광에서 사람들은 감동과 전율을 느끼는 동시에 위축감과 두려움을 느낀다. 반면 제주의 자연은 화산 지형임에도 아기자기하고 오밀조밀하고 다채롭다. 수평적이고 곡선적이어서 여성스럽다. 여성적인 자연에서 사람들은 두려움 대신 평화와 위안을 느낀다.

　　올레꾼들은 말한다. 길에서 행복했노라고, 누군가 자신을 위로해주는 것 같았노라고, 몸과 마음의 상처가 치유 받은 느낌이라고. 나는 대답한다. 자연 속에 깃든 여성적인 에너지가 당신의 아픔을, 고통을, 서러움을, 고단함을, 외로움을 위로하고 토닥거리고 껴안아주었기에 절로 몸과 마음이 나았을 거라고. 할머니 무릎팍을 베고 그녀가 느릿느릿 불러주는 자장가 소리에 시나브로 달콤한 꿈나라로 가듯, 어머니가 거친 손으로 아픈 배를 살살 쓰다듬어주면 어느덧 절로 괜찮아지듯.

　　세상살이에 지치고 고단한 그대, 약육강식의 정글에서 몸과 마음이 병든 그대, 설문대할망의 섬 제주를 찾을 일이다. 그녀의 너르고 따뜻한 품에 안겨서 실컷 울기도 하고 응석도 부려볼 일이다. 나 역시 그러했다. 🐎

이 길을 걷노라면
가슴이 먹먹해져,
'다크 올레'

　　　　간혹 이런 지적을 하는 이들이 있다. 제주올레길의 풍광은 세계적으로 손색이 없지만, 산티아고나 시코쿠 길처럼 길에 '스토리텔링'이 없지 않느냐고. 그냥 걷기만 하는 건 단순하니, 길에 역사와 문화를 입혀서 업그레이드해야 한다고.
　　　　길에 역사와 문화가 가미돼야 한다고? 올레길에는 굽이굽이 한 맺힌 제주의 역사가 지층처럼 쌓여 있고, 마을 곳곳마다 제주의 토속문화가 살아 숨쉰다. 조금만 관심을 가지면 역사의 지층에 켜켜이 스며든 눈물과 한의 제주 역사를 만날 수 있다. 올레길 전체가 따지고 보면 '다크 투어리즘'의 현장인 것이다.

©김진석

그대는 아는가, 한 조상을 둔 백 자손의 한을

그중에서도 특히 10코스와 11코스는 가장 전형적이다. 가는 길목 곳곳에 가슴이 무너져내리고 뼈가 시리는 아픈 사연들이 배어 있다. 이 코스를 걸을 때면 종종 발길이 무거워지는 까닭이다.

10코스 후반부의 알뜨르 비행장. 제주에서는 보기 드물게 평평하고 너른 분지에 바다가 가까워 일본은 1930년대에 이곳에 군사 비행장을 조성했다. 태평양전쟁 말기 일본은 미군의 본토 상륙에 대비해 제주도를 결사항전의 군사기지로 삼고, 이 일대 칠만의 공군 병력을 집결시켰다. 비행장 입구에는 인근 주민들을 인부로 강제 동원하여 채찍을 휘둘러가며 만든 격납고가 곳곳에 남아 있다. 기아를 겨우 면할 정도의 식량에, 고된 강제 노역에 시달리다 못한 주민들은 차라리 빨리 죽어지기를 원했단다.

비행장 입구를 벗어나자마자 만나는 섯알오름은 대한민국 현대사의 가장 큰 비극으로 꼽히는 '제주 4·3'의 후폭풍을 증언하는 현장이다.

해방 직후인 1947년 3월 1일, 제주시 관덕정 일대에 3·1절 28주년 기념식을 하기 위해 삼만여 명에 이르는 도민들이 모여들었다. 기념식이 끝나고 군중들이 해산할 무렵, 순찰을 돌던 기마경찰이 아기

를 밟았다. 그러고서 상황 수습을 하지 않은 채 자리를 떴다. 이에 격분한 일부 시민들이 지서로 몰려가 돌팔매질을 하고 항의를 하자, 경찰은 다짜고짜 발포를 했다. 이 일로 여섯 명이 사망하고 여덟 명이 부상을 입었다.

  미 군정은 경찰의 발포로 인한 참사를 적극 수습하지 않은 채 모든 원인을 남로당의 선동으로 판단하고, 도지사를 교체하고 응원 경찰과 서북청년회원을 대거 제주도로 내려보내 대대적인 검거작전을 펼쳤다. 제주도민 이천오백 명이 검속되고, 취조 중에 세 건의 고문치사 사건이 발생하자, 제주의 민심은 폭발 직전에 이르렀다.

  당시 전국은 대한민국 정부 수립을 위한 국회의원을 뽑는 5·10선거를 앞두고 있었다. 남로당 제주도당은 남한만의 단독 정부, 단독 선거를 있을 수 없는 일이라 여기고, 1948년 4월 3일 2시 열두 개 지서와 우익단체 인사들의 집을 습격하는 무장봉기를 일으켰다. 제주섬 전체를 비극으로 몰아넣은 '4·3'의 시작이었다. 미 군정과 이승만 정부는 제주를 '레드 아일랜드'로 규정하고, 폭도 소탕 작전을 강도 높게 벌였다. 이 과정에서 삼만여 명의 무고한 양민이 죽어나갔고, 제주도 마을의 절반 이상이 불에 타는 엄청난 재산 피해를 입었다. 소개 작전 때문에 하루아침에 고향 마을에서 쫓겨나 걸인처럼 유랑해야 했던 제주도민들도 부지기수였다. '제주 4·3' 사건은 모든 제주인에게 악몽 같은 상흔을 남겼고, 제주의 곳곳에 지워지지 않는 흔적을 남겼다.

제주 4·3의 광풍이 휩쓸고 간 지 삼 년이 조금 지난 1950년 6월. 한국전쟁이 발발하자 치안국은 또 다시 대대적인 예비 검속에 돌입했다. 제주에서만 또다시 일천 명이 넘는 도민이 체포되었다. 영문도 모른 채 체포된 모슬포 일대 양민 180명은, 어느 날 새벽 군용 트럭에 강제로 태워 이송되어 섯알오름 정상부에 일렬로 세워졌다. 일제가 주민들을 강제 동원해 탄약고로 조성했지만 해방 직후 미군에 의해 폭파된 구덩이가 그들의 발아래 있었다. 명령에 따른 대한민국 군인의 총에 맞아 양민들은 구덩이로 굴러 떨어졌다. 시신에 시신이 포개졌고, 개중에는 생매장당한 이도 있었다. 신새벽의 총성이 울린 그날 이후, 섯알오름은 오랜 세월 민간인 출입이 통제되는 '금단의 영역'으로 존재했다.

　　끊임없는 탄원과 호소 끝에 팔 년 만에 학살 현장 접근이 허락되었고, 유족들은 구덩이에서 뼈가 한데 엉키어 신원을 가릴 수 없는 시신 149구를 수습해 '백조일손(한 조상을 둔 백 명의 자손)' 묘에 안장했다. 제 남편, 제 아비, 제 형과 아우의 뼈조차 가려낼 수 없는 살아남은 자들이 한 조상을 모시게 된 것이다(백조일손 묘는 학살 현장인 섯알오름에서 1.2킬로미터 떨어진 곳에 있다).

그 남자, 김정희

올레 11코스는 제주에서 노을이 가장 아름답다는 동일리 바닷가를 지나서 모슬봉으로 이어진다. 가파도, 마라도, 형제섬까지 제주 남서부 일대의 해안이 발아래 좌르르 펼쳐지는 모슬봉 정상 부근은 이 일대 여섯 개 마을의 공동묘지다. 바람의 섬 제주에서도 가장 바람이 거칠고 땅이 척박해서 일명 '못살포'라 불리던 대정읍 모슬포의 삶이 오죽 고단했으랴. 대정현(현 대정읍)이 조선조 유배지 중에서도 일급 유배지로 꼽혔던 건 그 척박함 때문이었으리.

모슬봉 정상부에서 마을 쪽으로 눈을 돌리면 추사 적거지와 대정향교가 눈에 들어온다. 조선조 최고의 예술가 추사 김정희가 이 땅에서 팔 년이나 목숨을 부지했다. 탱자 울타리로 사방을 쳐놓은 초가집에 갇혀서. 이미 중국을 수차례나 다녀온 당대 최고의 선진 지식인 추사는 서울의 가족과 지인에게 보낸 서찰에서 서책을 다양하게 읽을 수 없는 지적 갈증, 도무지 입에 맞지 않는 제주의 거친 음식, 끊임없이 자신을 괴롭히는 기침, 혈담, 피부병, 학질 따위의 질병을 호소했다.

그러나 가파도의 거친 물살이 단단한 육질의 물고기를 만들어내듯, 대정 유배는 추사로 하여금 자신의 내면을 성찰하고 예술에 정진하게 만들었다. 옛 글씨를 버리고 새로운 스타일의 추사체를 완성한 곳, 강건한 절제미의 걸작 '세한도'를 그린 곳이 바로 이곳, 대정이었다.

추사는 글을 배우려고 찾아오는 지역 유생들에게도 가르침을 아끼지 않아서 변방 중의 변방에 인문학의 씨앗을 뿌렸다. 11코스 곳곳마다 그 남자, 김정희의 정신적 체취가 진하게 묻어나는 것은 이런 연유에서다.

그 여자, 정난주

책에서 보고 들은 김정희와는 달리, 그 여자의 존재는 올레길에서 처음 알게 되었다. 모슬봉에서 내려와서 한적한 보성 농로를 지나 한참을 터벅터벅 걷다 보면 '정마리아 성지'라는 표지판이 보인다. 조선조 명문가의 딸로 태어나, 천주교 박해의 모진 광풍에 남편을 잃고 자식마저 생이별한 채 물 설고 낯선 대정땅에서 한 생애를 마감한 여자가 잠든 곳이다. 정경마님의 삶을 보장받은 듯한 그녀가 모진 광풍에 휘말리게 될 줄, 종국에는 한양에서 천 리나 떨어진 이곳에 묻히게 될 줄 상상이나 했으랴.

실학파의 거두 정약용의 형 정약현의 딸로 태어난 그녀, 정난주 마리아. 조선조 최고 명문가의 자손답

게, 약관 십칠 세에 진사에 급제해 임금 정조로부터 칭찬받은 당대의 천재 황사영과 결혼했다. 일찍이 천주교의 세례를 받아 '알렉산드로' 라는 영세명을 가진 황사영은, 천주교 박해의 피바람이 분 신유사옥이 일어나자 몸을 피해 충북 제천의 산중 토굴(현 배론 성지)에 숨어지냈다. 1801년, 황사영은 조정의 천주교 탄압 실태를 고변하는 글을 자성히어 중국 천주교 북성교구로 몰래 들여보내려다가 도중에 적발되어 한양으로 압송된 뒤 효수당하고, 그녀의 시어머니는 거제도로, 그녀는 제주도로 강제 유배된다. 양반집 마님이 아닌 관노의 신분으로. 이른바 유명한 '황사영 백서 사건'의 처참한 결말이었다.

두 살배기 아들과 함께 길을 떠난 정마리아는 배가 추자도에 잠깐 정박하는 사이에 아이를 섬에 떼어놓고선, '한눈파는 새에 아이가 바다에 빠지고 말았다'고 관원들에게 거짓으로 아뢴다. 추자도 어부 오씨에게 지니고 있던 패물을 건네주고 아이를 맡겼다는 설과 예초리 바닷가 갯바위에 아들을 내려놓고 편지를 써놓았다는 설이 엇갈리는데, 어쨌거나 한 점 남은 혈육을 멸문지화에서 벗어나게 하려는 모정의 결단이었다.

정난주는 이곳 대정현으로 온 뒤 처음에는 마을 사람들의 질시와 손가락질을 받았지만, 정성으로 사람들을 대하고 마을일을 거들고 동네 사람에게 글을 가르치면서 차츰 '서울 할머니'로 존경받기에 이르렀다. 추자에 두고 온 아이를 끝내 다시 만나지 못한 채 66세를 일기로 변방에서 한 많은 생애를 마감하자, 마을에서는 정성을 다해 조촐한 무덤을 만들었다. 바로 그 자리에 조성된 아담한 소공원이 '정마리아 성지'다.

2010년 6월 개장한 추자도 올레(18-1 코스)에서는 또다른 사연을 만나게 된다. 하추자 몽돌해안을 지나 깔딱고개에 오르면 무덤 하나를 보게 되리라. 그 여자, 정마리아가 꿈속에도 그랬을 그 아들, 황경한의 무덤이다. 어부인 추자 오씨 집안에 입적되어 오씨로 자란 아들은, 성장해서 아비의 성을 되찾았다. 살아생전 다시 못 만난 어미에게 절을 하듯 그의 무덤은 죽어서도 제주 본섬을 향해 엎드려 있다.

두 살 난 아들을 낯선 섬에 떼어놓고 떨어지지 않는 발길을 옮겼을 그녀, 딱 두 해 몸으로 키운 아들을 평생 마음으로 키웠을 그녀. 아들 대신에 동네 아이들을 모아놓고 글을 가르쳤을 그녀. 추자도 올레를 걸으면서 정, 난, 주, 그녀의 이름을 나지막이 되뇌인다. 이 섬에서 당신의 아들이 고기를 잡으면서 살았더랍니다. 평범하게 살았으되 부모처럼 모진 일은 아니 겪어서 지금은 6대 후손으로 이어졌답니다.

수탈을 일삼았던 중앙정부, 몽고와 일제, 4·3의 광풍까지. 제주섬 구석구석, 풀 한 포기 흙 한 줌에도 시리고 아픈 사연이 깃들지 않은 곳이 어디 있으랴. 제주섬 전체가 다크 투어리즘의 현장이라고 해

도 과언이 아니다. 그중에서도 10코스와 11코스, 두 길에서는 늘 가슴 속에 시린 바람이 분다. 삶이 고달프다 느껴질 때, 인생이 내게만 유독 시련을 준다고 생각될 때 그 길을 걸어보라. 바람 부는 그곳, 그 땅에서 그 남자 김정희, 그 여자 정난주와 만나보라.

제주 자연의
비밀 정원,
곶자왈

'곶자왈'이라는 낯선 이름을 처음 접한 건 십여 년 전의 일이다. 당시 제민일보사에서 문학담당 중견기자로 이름을 날리던 친구 허영선(시인)이 서울에 사는 내게 전화로 곶자왈에 대해 들려주었다. "명숙아, 너 곶자왈이라고 들어봤어?" "아니, 그게 뭔데?" "너무나 아름답고 신비한 곳이야. 한번 제주 내려와라. 가보면 그 매력에 푹 빠질 걸." 그녀의 목소리는 사랑에 빠진 연인처럼 달떠 있었다.

일 년에 한두 번 제주를 찾을 때마다, 영선이는 어릴 적 나고 자란 서귀포 칠십리 해안의 화사하고 아기자기한 아름다움과 황금빛 열매가 주렁주렁 열리는 밀감밭이 전부인 줄 아는 내게 또다른 제주의 얼굴을 보여주려고 애를 썼다. 제주시 구엄, 신엄 바닷가의 황량한 아름다움을, 작가 김영갑이 사랑한 용눈이오름의 쓸쓸한 아름다움을, 내 안의 고통과 설움을 끌어올려 통곡케 한 '천 년의 섬' 비양도의 숨 막히는 풍광을……. 그런 그녀가 내게 또다른 유혹을 해온 것이다.

바쁜 직장생활에 치인 나는 친구의 새로운 사랑을 만나러 내려가지 못했다. 대신 그녀가 부쳐온 신문에서 곶자왈에 관한 특집기사를 보면서 곶자왈이 어떻게 형성된 곳이며, 얼마나 아름답고 소중한 곳인지를 개략적으로 알게 되었다. 제주인들이 곶자왈을 보존하기 위해 '곶자왈 한 평 사기' 운동을 벌인다는 것 또한. 곶자왈은 남방식물 한계선과 북방식물 한계선이 공존하는 곳이라는 설명이 특히 인상적이었다. 웬만해서는 만나기 힘든 남방식물과 북방식물이 '더불어 숲'을 이루는 그곳에 가보고 싶었지만, 세월만 속절없이 흘렀다.

핫, 숨 막히는 아름다움!
인향동 곶자왈과의 첫 만남

　　백문이 불여일견이라 했던가. 2008년 11월 초순, 올레 11코스를 탐사하면서 곶자왈과 처음 대면한 순간, 영선이처럼 나 또한 곶자왈에 한눈에 매료되었다. '아, 우리 고향에 이런 신비한 숲이 있구나, 제주엔 바다와 오름만 있는 줄 알았는데.'

　　세계 여러 나라를 돌아다녔지만, 이런 오묘한 느낌을 불러일으키는 숲은 처음이었다. 온대와 난대가 교차하는, 이글거리는 용암과 서늘한 바람과 차가운 바다가 우주의 기운 속에서 몸을 섞은 제주는 좁고도 넓은 섬이었다.

　　인향동 곶자왈의 존재를 일러준 건 무릉생태학교 강영식 촌장(11코스 올레지기)이었다. 제주 출신인 그는 서울에서 환경 관련 주간지 기자로 십 년 넘게 일하다가 도시생활에 회의를 느껴 낙향, 연고도 없는 중산간 오지 마을 무릉리에 정착한 괴짜였다. 무릉리와 이웃한 도원리(현 지명은 신도리)를, 문자 그대로 복숭아와 복사꽃이 흐드러진 지상낙원 '무릉도원'으로

ⓒ현대카드 제공(사진가 민희기)

만들고 싶어했다. 폐교가 된 무릉초등학교를 임대해서 어린이 자연 체험 프로그램을 여러 해 운영하고 있었다.

강촌장은 탐사대를 인향동 곶자왈로 안내했다. 예전엔 소와 말이 다니는 마로가 있었으나, 신작로가 생기고 사람의 출입이 끊기면서 가시덤불로 꽁꽁 막혀 있던 것을 마을 사람들이 그해 8월에 모다들엉(합세해서) 다시 길을 내었단다. 그 결과 2008년 10월 산림청이 주최한 '아름다운 숲길' 공모전에서 '공존상'을 받았으나, 제대로 알려지지 않아서 찾는 사람이 거의 없단다.

핫, 그 숨 막히는 아름다움이라니. 인향동 곶자왈에는 숲의 정령이 사는 듯했다. 숲속에서 불쑥 튀어나와 이 숲이 어떻게 이뤄졌는지, 이 숲의 하루는 어떻게 열리고 닫히는지, 이곳 사람들이 얼마나 힘들게 삶을 꾸려왔는지 조근조근 일러줄 것만 같았다. 숲에는 군데군데 너른 바위와 잔디밭이 있어서 지친 발을 쉬기에 그만이었다. 눈길 닿는 곳이 모두 녹색이니, 회색 도시에서 탈출한 올레꾼에게는 이만한 호사가 또 있으랴.

빛깔은 녹색 한 가지로되, 수십 가지로 변주되었다. 갓난아이처럼 연하디연한 연록색, 닿으면 손가락이 물들 것처럼 선명한 초록, 공포영화에 나옴직한 무시무시한 검은 녹색까지. 모국어에 아무리 능한 작가라도 이 현란한 빛깔을 일일이 호명할 수 있으랴.

이 울창한 숲도 한때는 무(無) 자체였다. 한라산에서 분출한 용암이 바다를 향해 치달리다가 중산간에서 굳어져 거대한 암반지대를 만들어냈다. 불덩이가 식은 땅(곶자왈은 '쓸모없는, 버려져서 가시와 나무 덤불이 우거진 땅'이라는 뜻의 제주어)에 이끼 따위의 양서류가, 뒤이어 고사리 따위의 양치류가 처음 생명을 틔웠다. 나무들이 곶자왈에 뿌리를 내린 건 그로부터 오랜 세월이 흐른 뒤였다. 불모의 땅 곶자왈이 긴 긴 세월을 이기고 마침내 더불어 숲이 되었으니, '숲의 생활사'를 가장 드라마틱하게 보여주는 곳이 곶자왈이었다.

녹색의 주조에 포인트를 주는 존재가 있었으니 발밑에서, 길섶에서 방긋방긋 웃어주는 꽃과 열매들이었다. 으름(졸갱이), 다래, 겨울딸기, 먹구슬낭에, 크리스마스트리 장식품 같은 빨간 열매를 주렁주렁 매단 호랑가시나무, 노란색 삼동나무 꽃과 하늘따기(하늘래기)…….

꽃과 열매가 있으니 새들이 어찌 없을쏘냐. 곶자왈의 새들은 저마다 다른 음색과 음정으로 노래하고 울었다. 인공적 구조물이 하나도 없는, 오로지 자연만이 존재하는 곶자왈에서 우리의 눈과 귀와 코는 동시에 즐거웠다. 탐사대를 매료시킨 인향동 곶자왈은 11코스 후반부에 편입되었고, 개장 이후 올레꾼들이 가장 사랑하는 구간이 되었다.

아마존이 '지구의 허파'라면, 곶자왈은 '제주의 허파'

곶자왈의 아름다움을 맛본 올레꾼들은 다른 코스에도 곶자왈 구간이 없느냐고 자주 물어왔다. 다음 코스에도 꼭 곶자왈 구간을 만들어달라고 간청하는 이들도 있었다. 곶자왈이야말로 제주 화산섬이 왜 세계자연유산인지를 단적으로 보여주는 증거라면서.

그 소망은 14-1코스에서 실현되었다. 탐사대는 시작점인 저지리마을에서 보름 넘게 합숙하면서 저지 곶자왈 구간을 개척했다. 코스 초반부에 나타나는 문도지오름은 저지 곶자왈이 얼마나 울창하고 다양한 식생을 거느린 곳인지 한눈에 보여주는 전망대였다. 개장행사 날, 문도지오름의 정상부에서 곶자왈을 내려다본 올레꾼들은 저마다 탄성을 내질렀다. 인향동보다 더 울창하고 수종이 다양한 저지 곶자왈 구간을 걸으면서, 올레꾼들 사이에서는 '아바타의 한 장면 같다', '판타지 영화의 세트장 같다'는 탄성이 오갔다.

아마존이 지구의 허파라면, 곶자왈은 제주의 허파다. 바다가 제주 해안가의 산소탱크라면, 곶자왈은 중산간의 산소탱크다. 쓸모없다는 이유로 개발의 바람을 비껴간 덕분에 살아남은 광대한 면적의 곶자왈은 엄청난 양의 산소를 배출한다. 그뿐인가. 곶자왈의 현무암 지층은 지표 밑의 물을 머금고 보존하여 홍수를 조절하고 제주 일대에 용천

수를 공급하는 거대한 파이프라인 역할을 해낸다. 제주도민들이 토목자치도와 개발업자들의 무분별한 삽질로부터 곶자왈을 지켜내려고 '한 평 사기 운동'을 벌이는 것도 곶자왈이 제주의 생명줄이자 제주다움을 지키는 최후의 방어선이기 때문이다.

　　　　곶자왈을 지키는 일이 어디 제주도민만의 몫이랴. 우주의 신비를 간직한, 숲의 비밀이 깃든 곶자왈에서 도시의 일상에 찌든 때를 벗겨낸 적이 있다면, 스트레스로 가득한 무거운 마음을 부려놓은 적이 있다면, 고요한 평화와 위안을 느낀 적이 있다면, 곶자왈을 포크레인과 삽질에서 보호하는 일은 당신의 몫이다. 🐎

낮잠 자기
좋은 섬,
가파도

우리나라는 유난히 순위에 집착한다.

여행, 경관, 건축물조차 예외는 아니다. 땅끝, 최남단, 최북단, 국내 최대, 국내 최고의 수식어가 붙으면 엄청난 프리미엄을 누리게 된다. 마라도처럼 좁은 섬에 섬이 가라앉을 정도로 관광객이 몰리는 배경도 절해고도의 독특한 풍광 못지않게 '국토 최남단'이라는 기록의 영향이 크다.

70년대 중반 국토 최남단이라는 사실이 부각되고, 80년대 들어서 텔레비전 CF '짜장면 시키신 분'으로 유명세를 타면서 마라도는 시쳇말로 완전히 '떴다'. 관광객이 밀려들면서 대형 여객선이 취항하고, 관광객을 태우고 섬 한 바퀴를 도는 골프장 카트카가 선보이면서 본격적인 관광 특수를 누리기 시작했다. 카트카 운영 대수 제한을 둘러싸고 주민들끼리 치열한 분쟁과 다툼이 벌어질 정도였다.

마라도가 관광으로 급성장하는 사이, '누구도 기억하지 못하는 2위' 가파도는 정반대의 길을 걸었다. 국토 최남단 마라도에서 불과 5킬로미터 떨어진 가파도는 '파도가 더해지는 섬'이라는 지명이 암시하듯 파도가 유난히 거친 곳이다. 먹이사슬이 풍부한 해저 대륙붕이 발달하여 제주에서도 가파도 해산물이라면 값을 더 쳐줄 정도로 명성이 높아서 80년대까지는 전국에서 주민소득 5위 안에 드는 부자 어촌으로 인구도 천여 명을 웃돌았더랬다.

그러나 대형 유자망, 안강망 어선의 등장으로 연근해 어업이 쇠퇴하고, 거친 바닷일을 꺼리는 젊은이들이 섬을 떠나면서 가파도 인

구는 점점 줄기 시작했다. 2010년 현재 인구는 200명 안팎. 그나마도 오십대에서 팔십대 고령자가 대부분인 '노인섬'이 되고 말았다. 마을 청년회는 회원이 오직 세 명, 사십대 초반이 가장 젊은 축에 속한다. 빈 집이 절반이 넘는 이 섬을 찾는 외지인은 하루 열 명 안팎의 낚시꾼들 뿐. 제주도 토박이도 가파도를 찾지 않는다.

청보리밭에 회색 공구리길이 웬말

나도 그런 제주인 중 한 명이었다. 먼바다 지평선에 미지의 행성처럼 아스라하게 떠 있는 마라도는 한번쯤 가닿고 싶은 판타지를 불러일으켰지만, 가파도는 육지에서 손닿을 만큼 가깝고 생김새도 가오리처럼 평평하고 넓적해서 그닥 매력을 느끼지 못했다.

2009년 3월 하순, 가파도 청보리 축제가 최초로 열린다는 기사가 인터넷에 올라왔다. 365일 축제판인 제주도에 살면서 '그 밥에 그 나물'인 엇비슷한 축제에 넌더리를 내던 참이었다. '이건 또 뭐야?' 냉소적인 기분으로 훑어내려 가는데, 사진 한 장이 생선가시처럼 맘에 탁, 걸렸다. 푸른 바다 넘실대는 청록빛 청보리밭 사이에, 축제를 위해 새로 냈다는 산책로가 회색빛 공구리 포장에 벌집 모양의 촌스러운 무늬로 장식되어 있는 게 아닌가. 게다가 사람 서넛은 충분히 지나갈 정도로 널찍했다. '보리밭 사잇길로 걸어가면 뉘 부르는 소리 있어 발을 멈춘다. 옛 생각에 외로워 휘파람 불면……' 가수 문정선이 대중가요 풍으로 불러서 선풍적인 인기를 끌었던 가곡 '보리밭'의 가사가 떠올랐다. 보리밭 사잇길이 이런 길이란 말이더냐.

제주도 공무원, 읍면동 지도자 특강 때마다 가파도 산책로 사진을 제주올레길과 비교하면서 보여주었다. 어느 길이 더 환경친화적인가, 예산이 더 들어갔겠나, 걷는 사람이 더 행복해할 것인가를 되물었다. 그땐 미처 몰랐다. 가파도에 반해서 주변의 반대를 무릅쓰고 그곳에 올레길을 내게 될 줄은.

"가파도는 사람이 그리운 섬이우다" 이장님의 첫마디

박영부 서귀포시장은 공무원들 사이에서 '올레 시장'으로 불릴 만큼 올레길에 대한 관심이 컸다. 그러나 민간이 주도하는 일이니만큼 행정은 화장실 설치나 쓰레기 수거 따위의 서포터즈 역할에 머물겠노라고 약속했고, 흔들림 없이 약속을 지켰다. 그런데 2009년 겨울, 박시장이 난데없이 코스 신설에 관한 청탁(?)을 해왔다. 가파도에도 올레길을 낼 수 없겠느냐고. "청보리밭에 그런 말도 안 되는 인위적인 산책로를 내는 섬에는 올레길을 낼 수 없지요." 한마디로 일축했다. 박시장은 "청보리밭이 참 환상적이던데. 가파도 관광도 좀 활성화돼야 할 텐데" 아쉬워했다.

몇 달 뒤, 이번에는 제주올레 김대환 이사(서귀포 관광협회 부회장)가 가파도 이야기를 꺼냈다. 자신이 운영하는 회사에서 가파도와 자매결연을 맺어 봉사활동차 처음 가봤는데, 문명의 손때가 묻지 않은 풍광이 참으로 아름답고 순박하더란다. 그 순박함을 지켜내면서 섬에 생기를 불어넣으려면 올레길을 내면 좋겠다는 생각이 들더란다.

올레 정신을 잘 이해하는 두 사람의 제언이 잇따르면서 가파도에 대한 호기심이 생겼다. 얼핏 보기엔 별 매력이 없어 보이는데 그다지도 아름답단 말인가. 빠른 관광으로 급속하게 망가져가는 우도나 마라도와 달리 여전히 순정하더란 말인가. 마침 며칠 뒤에 2차 봉사활동을 떠난다기에 동행하기로 했다.

모슬포항에서 가파도까지 십칠 분의 뱃길은 놀라움의 연속이었다. 기름내와 비린내가 뒤섞인 모슬포항에서 뱃머리를 돌리자마자 제주 본섬의 풍광이 파노라마처럼 펼쳐졌다. 형제섬, 용머리해안, 박수기정, 외돌개로 이어지는 해안 풍광에 훅, 숨이 멎을 뻔했다. 시간이 흐르면서 해안은 아스라해지고 군산, 단산, 송악산, 삼방산, 모슬봉의 오름군이 저마다의 개성적인 실루엣을 드러냈다. 본섬에서 멀어질수록, 오름과 해안을 아들인 양 딸인 양 끌어안고 다독이는 대지의 여신 한라산의

　　장엄함은 더 도드라졌다. 가파도로 가는 뱃길은 '신이 빚은 최고의 걸작을 감상하는 십칠 분'이었다. 난 이미 가파도와 사랑에 빠지고 말았다.

　　　　　항구는 아담하고 한적했다. 마을 주민과 군인들이 이불, 계란, 라면 등속을 배에서 내렸다. 제주 전통 갈옷 차림의 김동옥 이장이 우리 일행을 반겼다. 그의 첫마디는 "아이구, 이런 외진 섬을 찾아와줭 고맙수다. 우리 가파도는 사람이 그리운 섬이우다."

　　　　　사람이 그리운 섬, 그 한마디가 가슴을 후볐다. 도시에서는 사람에 치인 나머지 사람이 귀찮고 넌더리가 나는데. 너무 과해도, 너무 부족해도 병이 되는가보다. 다정도 병이고, 무정도 병이런가.

　　　　　모처럼 손님맞이에 신명이 난 이장님은 제 자식 자랑하듯 섬 구석구석을 보여주었다. 바람, 파도, 밭 여기저기에 방치된 팔십여 기의 거대한 고인돌, 옹기종기 이마를 맞댄 납작납작한 슬레이트 단층집들, 섬 어디에나 넘실대는 보리밭, 마을 어느 곳에서나 보이는 푸른 바다…….

ⓒ정지선

대한민국 유인도에서 가장 낮은 섬(표고 20.5미터)은 파도와 바람에 온몸을 내어맡긴 채 '무방비' 상태였다. "이 섬은 별로 볼 건 없어예. 겅해도 딱 한 가지 자랑허고픈 건예 낮잠 자기엔 젤로 좋은 섬이라는 거마씸."

볼 게 없다니! 토목공화국 대한민국에서 자연밖에 볼 게 없는 섬이 어디 흔한가. 낮잠 자기 좋은 섬이라! 파도소리를 자장가 삼아 해풍을 벗 삼아 오수를 청할 수 있다면 그리스 선박왕 오나시스의 요트가 부러우랴.

이장님은 점심식사 때 한 순배 술이 돌고서야 심중에 담아둔 이야기를 털어놓았다. 무명의 섬을 알리려고 궁리 끝에 청보리 축제를 구상했노라고, 주민들을 겨우겨우 설득해서 사유지를 기증받아 보리밭 산책로 겸 농로를 냈다고, 경운기가 드나들려면 포장을 해야만 했고 모자이크 무늬는 예뻐 보이라고 넣었다고. 서이사장이 가파도 산책로를 '씹고 다니는' 걸 이장 모임에서 들었노라고, 지가 잘났으면 얼마나 잘났나 싶어서 속으로 칼을 갈았노라고, 그런데 만나보니 가파도를 너무 좋아하는 것 같아서 마음이 누그러졌노라고, 남은 구간을 포장할 때는 황토 포장 공법을 쓰겠노라고.

이장님의 유난스러운 가파도 사랑에는 남다른 사연이 있었다. 고아로 천대 속에 자라나 어업으로 자수성가한 부친은 모슬포에서 유학을 한 아들에게 '절대로 어부가 되지 마라'고 가르쳤다. 아들은 아버지의 뜻을 받들어 공무원이 되었지만, 가파도 출신으로는 고위직에 오르기가 하늘의 별따기라는 걸 일찌감치 간파했다. 도중에 때려치우고, 뱃일은 할 수 없었기에 양식업에 손을 댔다.

그 무렵 서울서 여학교를 다니던 여동생이 여름방학 때 고향으로 내려와서 동네 친구들과 어울리다가 '물질'에 **빠졌다**. 여동생은 부모의 반대를 무릅쓰고 학교를 중단하고 해녀가 되고 말았다. 나이는 어려도 일 잘하는 '중군' 해녀였던 여동생은 그해 여름, 유난히 파도가 거셌던 날 바다에서 올라오지 못했다. 여동생의 단짝친구가 가파도에서 해녀질을 가장 잘한다는 제 엄마와 고모에게 매달렸지만, 사고로 죽은 해녀의 시신을 건지면 부정을 탄다면서 도리질을 치더란다.

그 사실을 전해 들은 그의 부모는 그 집안을 원수처럼 여기게 되었다. 그런데 이 무슨 인연인지. 가장 소중한 여동생을 잃은 그와, 가장 친한 친구를 잃은 단짝친구는 동병상련의 마음을 나누다 절로 연정을 품게 되었다. 이를 알게 된 부친은 물론, 여자 집안에서도 결사적으로 결혼을 반대했다. 결혼하겠다, 안 된다, 집안에 한바탕 태풍이 몰아치면 훌훌 육지로 나가 몇 달씩 떠돌다 돌아오기를 십여 년. 마침내 '가파도의 로미오와 줄리엣'은 결혼에 골인했고, 전국을 떠돌던 그는 사랑하던 동생이 묻힌 가파도에 정착하기로 결심했다.

부디, '두 그리움'이 처음처럼 한결같기를

평화롭고도 낮은 이 섬에 올레길을 내기로 마음먹었다. 서귀포시 동쪽 끝마을 시흥리에서 걸어온 올레꾼들은 열흘쯤이면 서쪽 끝마을 모슬포에 당도하리라. 도시에서 켜켜이 쌓인 마음속 찌꺼기들을 걸러낸 대신, 그의 육신은 고단하리라. 그들에게 낮잠 자기 좋은 섬 가파도를 선물하리라. 열심히 걸은 당신, 이젠 좀 발길을 멈추고 쉬라고.

그러나 길을 열기 전에 마을 주민들에게 다짐을 받아야만 했다. 섬을 오가는 도항선은 정원이 95명, 사람과 짐만 간신히 태우는 소형 연락선이다. 그러나 2010년 5월 1일 제2회 청보리 축제일에 맞추어 대형 여객선이 취항한단다. 그 배가 자동차까지 실어 나른다면 올레길 개장은 다시 생각해볼 문제다. "이장님, 큰 배가 취항하면 자동차도 들어오지 않나요? 우도 올레길만 해도 풍광은 너무나 아름답지만 자동차에 스쿠터 소음에, 올레꾼들이 무척 힘들어하거든요." "아, 그건 저희들이 맹세헐 수 이수다. 우리도 우도와 마라도를 보멍 그추룩 가면 안 된다는 걸 배웠주마씸(아, 그건 저희들이 맹세할 수 있습니다. 우리도 우도와 마라도를 보면서 그렇게 가면 안 된다는 걸 배웠습니다)."

2010년 3월 마지막 토요일, 열성 올레꾼 천여 명이 네 차례에 걸쳐 한 시간 간격으로 가파도 땅을 밟았다. 그 때문에 개장행사를 하루에 네 차례나 치르게 됐다. 그로기 상태가 된 나는 행사가 끝난 뒤

하룻밤 더 머물렀다. 아, 가파도의 '깊고 푸른 밤'의 매력이란! 섬에 존재하는 빛과 소리는 하늘과 바다의 검푸른 빛과 철썩이는 파도소리뿐이었다.

개장 두 달 만인 5월, 청보리가 절정을 이룰 즈음에 가파도를 다시 찾았다. 가파도 어촌계장을 지낸 진영환씨가 말했다. "예전엔 사람 구경하러 역불 제주시로 나갔주마씸. 경헌디 이젠 고마니 이서도 육지서 온 사장님도 보곡, 예쁜 아주망들도 보곡, 예술허는 사람도 보곡. 몇 년만 있당 떠나젠 해신디 이젠 그냥 살아사쿠다(예전엔 사람 구경하러 일부러 제주시로 나갔어요. 그런데 이제는 가만히 있어도 육지서 온 사장님도 보고, 예쁜 아주머니들도 보고, 예술가도 보고. 몇 년만 있다가 떠나려고 했는데 이젠 그냥 살아야겠어요)."

가파도 사람들이 사람이 그리워 도시로 떠났듯이, 도시인들은 순수가 그리워 가파도에 찾아든다. 두 그리움이 부디 '처음처럼' 유지되기를.ND 자연과 생태를 보존하면서도 주민들의 삶이 풍요로울 수 있음을 증거하는 가파도가 되기를.

올레스토리 5

오늘,
내가 꾸는
'미친 꿈'

ⓒ현대카드 제공(사진가 민희기)

올레 1호점,
대구올레

　　올레길을 낸 지 두어 달쯤 지났을까. 대구 동구청 혁신위원회 모임에서 특강을 듣고 싶다는 연락이 왔다. 올레가 대중적으로 알려지기 전이어서 이곳 제주에서도 특강을 해달라는 부탁이 없는데, 웬 대구? 호기심에 무조건 수락했다.

　　아니나 다를까. 서른 명가량의 참석자 중에 제주올레를 아는 사람은 극소수에 불과했다. 그런데도 특강을 들으면서 관심이 생겼는지 강의가 끝나자 여럿이 질문 공세를 퍼부었다. 한 참석자가 물었다.

　　"풍광이 뛰어난 제주 같은 곳에서는 몰라도 이곳 대구에서도 올레길이 가능하다고 보시나요?"

나는 잘라 말했다. "인구가 많고 차가 많은 곳일수록 숨통을 틔우는 공간이 필요하다. 제주보다 올레가 더 필요한 곳이 대구다."

대구 동구청장이 바통을 이어받았다. "팔공산 인근의 역사적 명소를 제대로 연결하면 대구에도 얼마든지 코스를 낼 수 있을 것 같다. 지난해 산책로를 한 군데 정비하긴 했는데, 오늘 강연을 듣고 보니 그 길들을 연결해서 길게 이어야 할 것 같다. 왕건이 후백제 견훤에게 쫓겨 패주한 동선을 재현하면 역사가 살아 숨쉬는 왕건길이 될 수도 있겠다."

좋은 생각이라고 맞장구를 쳤다. 대구올레의 씨앗이 뿌려지는 순간이었다.

"대구에도 올레길이 가능할까요?"

알고 보니 그날 특강의 산파역은 대구 녹색소비자연대의 안재홍 사무국장이었다. 언론사 시절부터 내 기사와 칼럼을 찾아 읽던 애독자였는데, 신문에서 올레길이 열린다는 소식을 접했단다. 헤어지면서 그는 조심스레 물었다. "대구에 길을 내게 된다면 올레라는 이름을 붙여도 되겠느냐"고.

아니 될 일이 무에랴. 토속 제주어인 올레가 '사람이 사람답게 존중받으면서 걸을 수 있는 도보길'의 대명사가 되는 날을 꿈꾸어온 나였다. 웃으며 당부했다. "로열티도, 보증금도 없이 공짜로 분양해주겠다. 대신 조건이 하나 있다. 이름에 걸맞은 길을 내달라."

길을 내기 전에 먼저 제주에 와서 걸어보라는 조언도 덧붙였다.

얼마 후 안국장과 젊은 남녀 넷이 제주올레를 찾았다. 지역 환경운동의 일환으로 '자연친화적인 걷는 길' 내기를 희망하는 그들은, 사흘 내리 제주올레길을 걸으면서 길이 어떻게 만들어지고 관리되는지, 올레꾼들이 길에서 어떻게 자연 사랑을 터득하는지, 걸으면서 얼마나 행복해하는지를 보고 듣고 느끼고 돌아갔다.

몇 달 뒤, 한 통의 메일이 날아들었다. 당신의 기대에 빨리 부응하지 못해서 죄송하다, 오랜 기다림 끝에 대구에도 첫 번째 올레길이 열린다는 내용이었다. 야호, 드디어 '올레 1호점'이 생기는구나! 제주올레 1코스를 개척하려고 와랑와랑한 제주 햇살 아래 미친년처럼 돌아다니던 2007년 여름날이 떠올랐다. 바통을 이어받는 아름다운 대구 청년들에게 맘속으로 박수를 쳤다. '이제라도 길을 낸다니 고마울 뿐이다. 힘들다고 중간에 포기하지 말고, 주변에 휘둘리지 말고, 무소의 뿔처럼 묵묵하게 걸어가라.'

홀연, 삼국시대로 걸어들어가다

　　2010년 3월, 안국장이 전화를 걸어왔다. 여섯 번째 길이 열리는데, 이번 개장행사에는 꼭 참석해주었으면 한다고. 책 집필에 전념하려고 특강과 행사 참석을 전면 중단한 터였지만, 일 년 가까이 성실하게 길을 내온 대구 청년들의 개장행사만큼은 꼭 참석하고 싶었다.
　　고백컨대 길에 대한 기대감은 애시당초 없었다. 대한민국에서 공단이 맨 먼저 생긴, 좁은 분지에 이백만 넘는 인구가 오글오글 모여 사는 대구광역시 아니던가. 팔공산은 두 차례 가봤지만, 도심 못지않게 인파가 넘실대던 갓바위로만 기억되는 곳이었다.
　　개장행사 전날 미리 도착해서 복잡한 시내를 관통하면서 대구 시민들이 참 불쌍하구나, 생각했다. 3, 40층짜리 고층 아파트가 이미 들어서거나 한창 공사 중이었고, 고층 빌딩의 투명 유리창에는 '○○변리사, ○○치과, ○○변호사'라는 커다란 글씨가 어지러웠다. 이곳에 과연 올레길이 가능할까.

　　다음날 만난 대구올레 6길은 내 예상을 완전히 뒤엎었다. 초입부터 포스가 예사롭지 않았다. 마치 오름을 축소해놓은 듯 부드러운 곡선을 자랑하는 고분들이 사랑스럽게 펼쳐져 있는 게 아닌가. 4~5세기에 형성된 불로동 고분군이라는데, 수십 개의 고분을 끼고 도는 길은 굽이굽이 곡선이었고, 길들은 온전히 흙으로 덮여 있었다. 고분군 주변에는 전봇대 하나 없었다. 불과 도심에서 십여 분 거리에 이토록 호젓한 경관이 오롯이 남아 있다니.

그 길에 접어든 순간, 나는 숨가쁘게 질주하는 21세기 현대인이 아니었다. 시공을 초월하여 삼국시대의 아낙으로 훌쩍 되돌아갔다. 그 길에서 나는 끝없이 감탄사를 연발했다. "어머, 공간만 아니라 시간 이동까지 가능한 길이네. 백 투 더 퓨쳐야, 이건!"

고분군을 빠져나오니 이번에는 수성못길. 남녘 제주에서는 이미 뚝뚝 제 목숨을 버린 목련이 수성못 주변엔 한창 벙그러지고 있었다. 벚꽃도 때마침 절정이었다. 못이 내려다보이는 언덕 위에서 작은 야외 공연이 펼쳐졌다. 영남일보 이춘호 기자가 마이크를 잡고 '섬집아기'로 시작되는 동요 메들리를 올레꾼들에게 선사했다. 새순이 올라오는 싱그러운 나무에 기대어 봄날의 물가를 즐기면서 우리는 동심으로 돌아갔다.

팔공산 뒷자락을 내려오는 길은 얼마나 가슴 저리도록 아름다웠는지. 눈이 시리도록 화사한 벚꽃도, 요염한 복사꽃도, 유혹적인 보랏빛 제비꽃도 와글와글 자기들을 봐달라고 아우성이었다. 기계가 내는 소음은 끔찍한데, 꽃이 지르는 소리는 왜 그리도 다정한 것일까. 탱자나무는 춘정을 못 이겨 탱탱하게 젖이 불어 있었다.

대구에도 길 한번 내보라고, 사람 사는 곳이라면 어디든 걷는 길을 품어야 한다고 말을 해놓고서도 이런 멋진 길을 기대하진 않았다. 못생기면 못생긴 대로, 허접하면 허접한 대로 길은 있어야 한다는 신념에서 내지른 이야기였는데.

서정적이면서도 역사를 품은 대구올레 6길을 걷노라니 마치 길을 낸 사람처럼 가슴이 벅차올랐다.

풍경보다 더 감동적인 건, 꽃보다 아름다운 사람이었다. 대구올레 측은 초청하면서 재정이 열악해서 돈은 드릴 수 없다고 미리 양해를 구했다. 나 역시 제주올레를 꾸리면서 그런 부탁을 한 적이 많았기에 선선히 그러마고 했다. 어디 돈만 사람을 움직이는 건가, 마음도 움직이는 거지.

그런데 그들은 특별한 선물을 준비해놓고 있었다. 대구의 올레꾼들이 대구올레 홈페이지에 남긴 감사의 메시지와 대구올레길 사진을 엮어서 미니 앨범을 만든 것이다. 제주에 돌아와서 그 앨범을 들춰보노라니, 내 맘속에 깊은 강이 흐르는 듯했다. 바다 건너 대구와 제주 올레를 잇는. 길은 때로 사람 사이의 길도 낸다.

혼인지에서
결혼식을

올레길을 낼 때부터 한 가지 '야심'을 품었다. 고향 서귀포에 신혼부부를 다시 오게 만들겠다는 것.

어린 시절 서귀포는 늘 육지에서 온 신혼여행 부부들로 북적였다. '주민 반 신혼여행객 반'이라는 우스갯소리가 나돌 만큼. 천지연폭포 입구, 호텔 허니문하우스 정원, 정방폭포 앞에선 한복이나 정장을 떨쳐입은 신랑 신부들이 택시기사나 관광버스 안내원이 시키는 갖가지 포즈로 인증샷을 찍기에 바빴다.

언제부터인가 그 많던 신혼여행 관광객들이 확 줄어들기 시작했다. 소득 수준이 높아지고 해외여행이 자유화되면서 해외 유명 관광지로 발길을 돌렸고, 해외로 안 나가면 '쪽팔리는' 분위기가 팽배해지자 아예 발길이 끊어졌다. 삼십여 년 만에 고향에 돌아와 신혼부부들로 북적이던 서귀포의 텅 빈 옛 도심을 배회하면서 결심했다. '언젠가 이 길에 신혼부부가 넘쳐나게 만들리라.'

제주올레가 웬만큼 알려지자, 서귀포시와 공동으로 '허니문 올레' 행사를 갖기로 했다. D데이는 2009년 5월 11~12일. 설레는 맘으로 올레 홈페이지에 신혼여행 부부를 모집했지만, 결과는 기대 이하였다. 신혼부부보다는 결혼 기념 여행을 오고 싶다는 '구혼부부'들의 문의가 더 많았다. 콘셉트를 바꾸어 '허니문 & 어게인 허니문' 행사를 갖기로 했다. 내친김에 육지의 지인들에게 구혼여행을 오라고 강권했다. 그럭저럭 목표했던 머릿수가 채워졌다.

"저희 결혼식도 못 올렸는데……"
"그럼 올레길에서 결혼식 올려요"

행사를 한 달쯤 앞둔 시점, 뜻밖의 구원투수가 출현했다. 제주올레의 베이스캠프를 자처하는 풍림콘도에서 '올레 문학의 밤'이 열렸는데, 뒤풀이자리에서 어떤 남자가 다가와 인사를 건넸다. 척, 보니 밤톨처럼 야무지게 생겼다. 옆에는 참한 인상의 여자가 서 있었다. 그는 '차광석'이라고 자신을 소개하더니, 옆자리에 앉아 올레와의 인연을 술술 풀어냈다.

"젊은 시절 저는 한마디로 뒤 한 번, 옆 한 번 돌아보지 않고 살았습니다. 결혼 전에 이것저것 사업을 벌여 돈도 많이 벌었는데, 어느 날 왕창 망했습니다. 빚 때문에 자살을 기도했는데 그것마저 실패해서 사십 일간 방에만 틀어박혀 지냈어요. 어느 날 방문 앞에 먹을 걸 놓고 돌아서는 어머니의 구부정한 등을 문틈으로 내다보는데, 눈물이 흐르더군요. 다시 세상으로 나왔지요. 그 뒤 색시를 만나 살림을 차렸고 죽어라고 일했습니다. 성남에서 통닭 체인점을 열었는데, 장사가 잘돼서 세 군데로 늘렸어요. 돈 버는 재미로 살았습니다. 근데 갑자기 몸이 확 나빠지더니, 갑자기 쓰러져서 병원 신세를 몇 달 졌습니다. 병상에 누워 지난날을 돌이켜보니 이렇게 살다

죽으면 너무 억울하겠다 싶었어요. 인생관이 확 바뀐 거죠. 퇴원한 뒤에 마누라랑 못 해본 여행이나 실컷 하자, 그래서 제주도에 처음 내려왔습니다. 와보니 너무 좋아서 주말마다 내려와 렌터카 끌고 여기저기 돌아다녔어요. 몇 번 돌아보니 갈 데가 없더라구요. 그래도 제주가 좋았고, 제주도 공기만 마셔도 살 것 같았어요.

하루는 광주공항 주차장에 차를 파킹하는데 그곳 사장님이 대체 무슨 일을 하시길래 매주 비행기를 타냐고 물어요. 제주도 간다니까, 그럼 올레길 한번 가보세요, 권하더라고요. 올레? 그게 뭐냐니까 자세히 말해주더군요. 별 거 있겠냐, 그래도 안 가본 데니까 한번 가보자 싶었죠.

첫날은 그저 그랬어요. 별 느낌이 없었어요. 우리 마눌은 워낙 운동은 처음이라 나 따라오기 바빠 허덕거리고. 근데 다음날, 길에서 자연스럽게 서로 이야기를 하고 있더라구요. 가게에서는 온종일 붙어 있어도 일 얘기밖에 안 했거든요. 집에 오면 그만 자자, 그게 대화의 전부였는데.

그날 올라가려던 일정을 연기해서 일주일간 있었죠. 그때 나눈 이야기가 함께 산 구 년 동안 나눈 이야기보다 더 많았습니다. 영화에 '야 저런 건 우리 죽었다 깨나도 못 하겠다' 싶은 장면 나오잖아요? 글쎄, 그런 걸 우리가 하고 있더라니까요. 그 이후엔 한 달이면 보름은 제주 내려와서 올레길 걷고 있어요. 가게요? 종업원들에게 맡기고, 월

말 계산할 때만 붙어 있구요. 저희가 늘 자리를 지킬 때보다 매출이 외려 늘었어요. 오늘 술은 저희가 사면 안 되겠습니까? 넘 감사해서요."

"술 사주는 대신 다음 달에 열리는 '어게인 허니문 올레'에 참가하시는 건 어때요? 구혼부부들을 위한 행사예요. 어차피 제주 내려오는 거 기왕이면 다른 부부들과 어울리면 더 즐거울 텐데요."

쾌활하기 그지없던 이 남자, 얼굴색이 갑자기 흐려졌다. "실은 저희들 아직 결혼식도 못 올렸어요. 결혼 전에 양가 모두, 특히 처갓집에서 하도 반대해서 그냥 동거부터 시작했거든요. 그 뒤엔 먹고사느라고 정신없었고요."

그 이야기를 듣는 순간, 행사 때 걷기로 예정된 온평리의 혼인지가 떠올랐다. "이참에 올레길에서 결혼식을 올리면 되겠네요. 원래 신혼여행 부부를 위해 마련한 행사거든요. 제주도 '고, 양, 부' 3시조가 벽랑국 공주 셋을 맞이해서 신방을 차렸다는 전설이 내려오는 혼인지를 그날 지나는데, 거기서 결혼식 올리고 제주에서 신혼을 보내면 멋지겠는걸요."

준비한 멘트도 아닌데 절로 입에서 흘러나온다. 밑져야 본전이니 한번 질러보는 거다. 근데 이 남자, 뜻밖에도 선선히 대답한다. "그것도 좋을 것 같은데요. 일단 울 엄마랑 장모님께 말씀은 드려야 하니까, 전화 좀 해보고요."

총알처럼 그 남자가 튀어 나갔다. 부인은 어리벙벙한 표정으로 앉아 있고. 오 분도 안 돼서 자리로 돌아오더니,
"다 얘기됐습니다. 그날, 제주서 결혼식 올릴게요."

일은 일사천리로 진행됐다. 온평리에서는 장소 제공과 축하 공연을, 이웃 어멍아방 마을에서는 음식을, 삼십오 년 전통의 서귀포 '한라미용실'에서는 신부 화장과 혼례복을 맡기로 했다. 알고 보니 혼인지가 복원되고 아담한 소공원이 조성되긴 했지만, 결혼식이 거행되기는 처음이란다. 깜짝 놀랐다. '제주 최초의 결혼'이 이뤄졌다는 장소에서 '첫 결혼식'이라니, 이럴 수가!

계절의 여왕 5월답게 화사한 봄날인 5월 12일, 수십 명의 올레꾼과 언론사 기자들이 지켜보는 가운데 성대하고 흥겨운 분위기 속에서 결혼식은 진행되었다. 마치 내가 결혼식을 올리는 것처럼 흥분되고 떨리는 마음으로 처음으로 제주 전통 혼례를 지켜보게 되었다. 혼례 집정관은 신부에게 술잔을 건네면서 '이 결혼에 동의하지 않으면 잔을 엎고, 동의하면 잔을 들어 마시라'고 했다. 와우, 봉건사회에서도 여자에게 자기 결정권을 부여했었구나, 맘에 없는 결혼은 거부할 수도 있었구나, 신선한 충격이었다. 물론 올레의 신부는 잔을 엎지 않았다.

차씨 부부가 '세기의 결혼식'을 위해 무려 5천만 원에 이르

는 비용을 지출했다는 건 뒤늦게 알았다. 육지에서 내려온 친인척 176명의 비행깃삯과 숙박비를 몽땅 본인이 부담했단다. 짧으면 이삼 일, 길게는 일주일에서 열흘까지 머물다 간 친척들도 있었단다. 내 제안 탓에 과용하게 만들었다고 하자 차광석씨는 싱글벙글 말했다. 돈으로는 살 수 없는 엄청난 추억을 만들었으니, 로또보다 더한 행운이고 큰 복이었다고. 올레 덕분에 자기 삶을 찾았고 부부가 어떻게 살아야 하는지 알게 됐다고.

허니문 올레를 통해 깨달았다. 절실하게 바라면 꿈은 반드시 이뤄지고, 때로는 애초의 꿈보다 더 드라마틱한 일이 벌어지기도 한다는 것을.

나는 다시 꿈을 꾼다. 차씨 부부가 처음 테이프를 끊은 온평리 혼인지에서 날마다 결혼식이 거행되기를. 신랑 신부가 세계 각국에서 모여든 다양한 피부색의 커플이기를. 상상만으로도 즐겁다.

ⓒ현대카드 제공(사진가 민희기)

올레길 주민들에게
바치는 선물
'1사 1올레'

　　　올레꾼들에게 사유지와 마을 공동 소유의 땅을 기꺼이 내준 마을분들에게 은혜를 조금이라도 갚을 길이 없을까. 올레꾼이 늘어날수록 올레마을 주민들에게 부담감이 커져갔다.
　　　언론인 시절 자주 보도되던 '1사 1촌 결연사업'에 생각이 미쳤다. 한 기업체가 특정 농어촌 마을과 자매결연을 맺어 도농간의 교류와 협력을 도모하는 사업이었다. 올레 코스가 지나는 조그마한 마을마다 기업을 연결하는 '1사 1올레'는 어떨까?

올레길이 겉치레 없는 진정성으로 올레꾼들에게 다가갔듯이, '1사 1올레' 역시 올레 정신에 부합해야만 했다. 언론용 인증샷을 찍고 끝나는 일회성 행사나 단발적인 자선 봉사행사로 끝나는 자매결연이라면 안 하느니만 못한 일. 마을과 기업은 일방적으로 시혜를 베풀고 도움을 받는 관계가 아니라, 서로 실질적인 도움을 주고받는 관계라야만 했다. 마을은 기업체에서 일하는 도시인에게 고향 외갓집 같은 푸근함을 안겨주고, 기업은 작은 마을의 의료, 문화, 교육, 인터넷, 환경 개선에 도움을 주는 상생관계를 도모할 수 있지 않을까.

그동안 올레길을 다녀간 기업체 CEO와 임원들에게 일일이 손으로 쓴 엽서를 보냈다. 제주로 내려온 CEO들에게는 취지를 직접 설명했다. 현대자동차, 대한항공, 한국통신, LG생활건강, 코카콜라, 세브란스병원 등이 1사 1올레 자매결연을 희망했다. 고마운 일이었다. 2009년 두 차례에 걸쳐 자매결연을 맺은 기업은 모두 열두 개 기업 열두 개 마을.

벤타코리아, 무릉리를 부탁해!

개중에는 "저요 저요" 손을 들고 자원한 기업인도 있었다. 공기청정기 회사 '벤타코리아'의 김대현 사장이었다.

김대현 사장과의 첫 만남은 썩 유쾌하지 못했다. 솔직히 말하자면 퍽 까칠하게 시작된 만남이었다. 2008년 여름, 1박 2일 세미나로 제주를 찾은 연세대 경영대학원 고위과정의 CEO들과 9코스를 함께 걸으면서 제주올레의 취지를 설명하기로 약속했다.

시작점인 화순항 입구에서 기다리기를 이십여 분. 일행은 나타날 기미가 보이지 않았다. 화가 머리끝까지 치솟는 중이었다. 그때, 저 멀리서부터 한 남자가 허겁지겁 구르듯이 달려왔다. 제주의 밤 정취에 취해서 일행이 새벽까지 과음을 하는 바람에 출발이 늦어졌다면서 고개를 조아렸다. '왕뚜껑'으로 소문난 나, 초면의 그에게 독화살을 한 방 날리고야 말았다. "한국을 움직인다는 CEO들이 과음 때문에 이십 분이나 약속을 어기나요?"

처음 만나는 여자에게 면박을 당했으니 기분이 언짢았을 텐데도 그는 분위기 반전을 위해 열과 성을 다했다. 걷기가 끝나자 올레 후원 회원 가입 용지를 자발적으로 돌렸다. 이렇게 아름답고 행복한 길을 내는 데 동참하는 건 영광이라고, 그래야만 오늘 아침의 만행을 조금이라도 용서받을 수 있다면서. 기업 규모와 관계없이 그가 모임 구성원에게 영향을 미치는 리더임을 알 수 있었다. 그 남자가 김대현 사장이었다.

그 뒤 김사장은 기회만 닿으면 주변의 지인들을 끌고 내려와서 올레길을 걷고, 날마다 올레 홈페이지를 들락거리더니, 1사 1올레를 자원하고 나선 것이다. 사무국에서는 그의 열정과 강력한 여론 전파력, 광범위한 네크워킹을 익히 아는지라, 벤타코리아를 올레길 거점 지역인 무릉리와 엮어주었다.

2009년 2월, 첫 1사 1올레 결연식장에 참석한 무릉리 사람들은 떨떠름한 표정이었다. 다른 마을들은 이름을 대면 다 알 만한 대기업과 자매결연을 맺는데 자기네만 '듣보잡' 회사라니, 행사가 끝난 뒤 이장님은 나를 붙들고 하소연했다.

무릉리는 제주에서도 오지로 꼽히는 중산간 부락이지만, 올레에서는 11코스 종점이자 12코스 시작점인 거점 마을이었다. 올레를 향한 기대가 컸던 만큼 실망도 컸던 모양이다.

그러나 남녀 사이는 살아봐야 알고, 길고 짧은 건 대봐야 아는 법. 김대현 사장의 열정을 잘 아는 나는 무릉리 사람들의 실망감을 애써 모른 체했다. 한번 기다려보세요.

무릉외갓집에 놀러 오세요

무릉리는 이웃 신도리(구 도원리)와 더불어 산 좋고 물 좋고 공기 좋다 해서 '무릉도원'으로 불렸던 곳이다. 청정지역의 암반수로 마늘, 풋마늘, 더덕, 브로콜리, 양배추, 양파, 미니 밤호박 등 다양한 밭작

물을 길러내는 전형적인 농촌마을로, 특히 마을 사람들이 공동출자한 된장공장에서 만드는 전통 된장과 콩가루, 청국장은 깊고 풍부한 맛으로 유명하다. 문제는 판로와 판매 시스템. 김사장에게 무릉리를 힘껏 도와달라고 부탁하면서, 잘못했다가는 후진 기업을 연결해줬다고 올레 사무국까지 욕먹는다고 신신당부했다.

그 뒤 김사장은 시도때도없이 무릉리를 방문했다. 김사장은 무릉리가 처한 고민을 열심히 청취하고 난 뒤에, 그 해법으로 마을 공동 브랜드를 만들자고 제안했다. 각자 생산해서 각자 파는 방식으로는 중간 상인의 농간이나 날씨, 작황 변동에 따른 투기적 요소를 제거할 수 없으므로 안정적이고 통합적인 직거래망을 구축해 공동판매하자는 것.

그러나 대부분 농촌마을이 그렇듯이 노인 인구가 많은 무릉리에는 브랜드 네이밍, 상표 디자인, 포장, 인터넷 쇼핑몰 구축을 수행할 인력이나 기술이 없었다. 결국 김사장이 자기 회사 전문 인력은 물론 바깥의 인맥까지 총동원해서 일을 추진했다.

'무릉외갓집(www.murungdowon.net)'이라는 브랜드가 2009년 11월 첫선을 보였다. 외갓집은 39만 8천 원을 내면 무릉리에서 제철에 생산되는 농산물을 8회, 덤으로 두 번의 명절에는 생선을 회원들에게 택배로 보내주기로 했다. 농민에겐 안정적인 판로가, 도시인에겐 믿고 먹을 수 있는 친환경 먹거리가 보장되니 양쪽 모두 원원인 셈.

외갓집 브랜드를 구축하면서 김사장과 벤타코리아 임원들은 점점 무릉리 주민이 되었다. 무릉리에서도 벤타코리아 사람들을 일가친척처럼 여긴다. 요즈음 김사장은 외갓집 회원 권유에 하도 열을 올리는 바람에 '벤타가 공기청정기 파는 회사냐 된장 파는 회사냐' 지인들에게 타박을 받을 정도다.

무릉리에 큰 도움을 주어서 고맙다고 하자 김사장은 "제가 감사하죠. 제주에 외갓집이 생겼잖아요. 외갓집 돕는 일이 너무 행복해요"라고 말한다.

흔히 현대사회에서는 돈이 인간의 행동을 유발하는 동인이라고 한다. 그러나 이해관계만이 전부가 아니다. 때로는 도타운 정, 순수한 열정이 사람을 뜨겁게 움직인다. 무릉외갓집과 벤타코리아가 그렇듯이.

길 위의 학교,
올레 아카데미

어릴 적에 제주를 떠나 삼십 년 넘게 타향살이를 했기에, 나는 제주에 대해서 너무나도 무지했다. 2007년 여름 사십 일 넘게 동생 동철이와 1코스 올레길을 탐사하는데, 그 애는 눈에 들어오는 모든 것에 대해 시시콜콜, 쉬지 않고 떠들어댔다.

"누나, 이 무덤은 잘사는 집안 꺼우다. 무덤돌 쌓젠허민 일허는 사람들신디 돌 하나 져오민 떡 하나씩 돌려신디 이추룩 두껍게 쌓젠허민 여러 말 돌려시쿠다(누나, 이 무덤은 잘사는 집 거예요. 무덤의 돌을 쌓으려면 일하는 사람들에게 돌담 하나 져올 때마다 떡 하나씩 돌려야 됐는데 이렇게 두껍게 쌓으려면 떡 여러 말 돌렸을 거예요)." "누나, 지금 우는 새 알아지쿠과. 동백꽃 꿀만 먹엉산덴행 동박새 아니꽈(누나, 지금 우는 새 알아요? 동백꽃 꿀만 먹어서 동박새 아닙니까)."

그 애의 설명을 듣고 나면 사물이 새롭게, 풍성한 의미를 지니고 다가왔다. 아는 만큼 보인다잖아, 올레길이 정착되면 각 분야 전문가들에게 체계적으로 제주를 배우는 아카데미를 여는 거야. 길에서 동철이의 생생 특강을 받으면서 언젠가는 '올레 아카데미'를 열어야겠다고 마음먹었다.

초등학교 시절 담임선생님을 교장으로 강제 임명하다

일단 맘을 먹으면 주위 사람들에게 떠들어대는 게 내 주특기. 초등학교 4학년 때 담임인 오의삼 선생님을 생기지도 않은 '올레 아카데미' 교장선생님으로 구두 초빙했다. "선생님, 올레 아카데미 생기민 꼭 교장선생님 맡아줍서." "그때 골라게(그때 말해라)." "미리 예약헴시난 꼭 해줘사 됩니다예."

오선생님은 내 모교인 서귀포초등학교 교장을 마지막으로, 사십오 년간의 교직생활을 마무리한 상태였다. 초등학교 은사를 교장으로 '강제 임명'하는 제자의 어거지에 스승은 너털웃음으로 반승낙을 하셨다.

2008년 겨울, 알고 지내던 후배 박선경이 제주에 살러 내려왔다. 산을 좋아하는 선경이는, 북한산국립공원을 망가뜨리는 터널 공사에 반대하여 공사 차량의 굉음이 끊이지 않는 곳에 천막을 쳐놓고 한겨울 내내 현장 투쟁을 했다. '공사 방해' 죄목으로 의정부 법원을 드나들면서. 싸움은 패배로 끝났다. 엎친 데 덮친 격으로 생태학교를 운영하려고 서울집을 팔아서 강원도에 조그만 땅을 사두었는데, 그만 도로가 확장되면서 코앞까지 길이 뚫리고 말았다. 선경이의 몸과 마음은 지칠 대로 지쳤다. 문득 한 해 전에 걸었던 올레길이 생각났고, 8코스 끝 대평리에 방을 얻어서 내려온 것이다. 선경이의 이력과 삶의 궤적은

ⓒ강길순

올레 아카데미와 궁합이 딱 맞았다. 워낙 꼼꼼한 성격인지라 아카데미 교무주임을 맡으라 했더니 말없이 웃기만 했다.

2009년 봄, 올레 아카데미는 현실화되었다. 서귀포시의 예산 보조를 받아 올레길의 지질, 생태, 제주 방언, 제주 음식, 제주 해녀, 제주 신화 등을 공부하는 교육 프로그램을 운영하기로 한 것이다. 이틀간 여덟 강좌에 수강 인원은 오십 명.

올레 홈페이지에 공지를 올린 지 며칠 만에 접수가 마감되어 뒤늦게 신청한 이들이 발을 동동 구르며 안타까워할 정도로 올레 아카데미에 대한 관심은 뜨거웠다. 올레길을 걸으면서 제주에 대해서 제대로 알고 싶다고 생각한 이들이 그만큼 많았던 것이다.

올레 아카데미는 횟수를 거듭할수록 '육지 올레꾼'의 참여가 늘어났는데, 심지어는 육지 출신이 제주 현지인보다 더 많은 기(期)도 있었다. 길을 걸으러 온 김에 교육까지 받으려고 참여한 이들도 있었지만, 아예 제주로 이주할 생각에 아카데미를 신청한 이들도 있었다. 그들은 제주를 단기간에 공부하면서 현지인과 네크워크도 생기니 '일석이조'라고 좋아했다.

이민자 교육은 올레 아카데미에서 미처 예상치 않은 일이었다. 구상대로 풀리지 않는 일이 수두룩한 게 세상일인데, 제주올레에서는 구상을 뛰어넘는 현실이 늘상 벌어지니 신기하고 놀라울 수밖에. 올레 아카데미는 첫해에 9기, 총 350명의 수료생을 배출했다.

그해 연말 모임에서 아카데미 졸업생들은 '심화과정'을 개설해달라고 강력히 요구했다. 좀더 깊이 있고 현장성을 강화한 교육이 절실하다면서. 그들의 제안은 즉각 받아들여졌다. 음식 실습과 식생 관찰 등 현장성을 강화한 심화 프로그램이 첫 선을 보인 건 2010년 3월. 길에서 만나는 '이름 없는' 들꽃에게 이름을 불러주고, 바닷가 퇴적암층을 더듬으며 형성과정을 설명 들으면서 수강생들은 신나했다. 그들은 단순히 배우고 익히는 데 머물지 않았다. 코스 올레지기로, 올레 길 동무로, 올레 자원봉사자로 올레의 든든한 기둥이 되어주었다.

강희춘씨(일명 강올레)도 그중 한 사람. 제주시에서 개인택시를 모는 예순의 운전기사다. 70년대 제주 택시관광의 초창기 때부터 관광객을 태우고 제주 이곳저곳 안 다녀본 곳이 없었고, 몇 년 전부터는 오름에 반해 아이디까지 '강오름'으로 바꾼 터였다. 그런 그가 우연히 태운 육지 올레꾼에게 올레길의 존재를 처음 들었다. 제주라면 손금 보듯 훤한 내가 모르는 길이 있다니, 자존심이 확 상했단다. 즉시 인터넷을 뒤져서 올레길에 대한 정보를 수집하고 올레길을 걷기 시작했다. 미치기 좋아하는 그가 올레에 미친 것이다. 아이디도 바꾸었다. '강올레'로.

올레 코스 사진을 수백 장 찍어서 내비게이션에 연결해 올레

길을 모르는 육지 승객들에게 보여주며 '꼭 걸어보라'고 강추한다. 개장행사마다 차량 봉사를 하다 보니 차를 세워두는 날이 많아졌다. 부인은 '차라리 올레랑 살라'고 잔소리를 했지만, 미친 강올레에게는 통하지 않았다.

보다 못한 부인이 '올레가 대체 뭐길래' 싶어 심화과정 이수생들이 한 달에 한 번씩 모이는 클린 올레 걷기에 따라나섰다. 그날부터 부인은 강올레 못지않은 열혈 올레팬이 되었다. 2코스 클린 올레 때 그녀와 조우했다. 그녀는 제주 단고구마를 썩썩 씻어서 껍질을 벗기지 않은 채 멥쌀과 버무려 쪄낸 고구마범벅을 내밀었다. 아, 먹어보지 않은 사람은 모른다. 제주의 비바람과 맑은 공기가 길러낸 그 담박하고도 웅숭한 맛을.

애들아, 너희들이 올레 지킴이가 돼주련?

'어린이 아카데미'를 떠올린 것도 길 위에서였다. 서울에서 내려온 두 아들과 클린 올레를 할 즈음이었다. 5코스 시작점인 남원 바닷가 큰엉을 지나서 마을 올레로 접어드는데, 동네 아이들 한 무리를 만났다. 아이들은 큰소리로 인사를 건넸다. "안녕하세요? 올레길 걷는 거죠?" 기특해서 머리를 쓰다듬어주면서 물었다. "너희들 올레길이 뭔지 아니?"

"그럼요. 육지 사람들이 많이 걸어 다녀요."

"그래. 그만큼 니네 동네가 아름답기 때문이야."

검게 그을린 아이들의 얼굴에서 자부심이 번득였다.

"근데, 이 아름다운 마을에 쓰레기가 참 많구나. 그래서 쓰레기를 주우면서 걷는 거야. 너희들, 어른들이 쓰레기를 아무데나 버리면 그러지 말라고 말씀드려야 해."

한 아이가 또랑지게 대답했다. "근데요 바닷가에서 할머니들이 성게 껍질도, 미역도 막 버려서요, 그러면 안 된다고 했더니요, 바다에선 그래도 된다면서 계속 버려요."

"옛날부터 그렇게 해와서 그런 거야. 너희들이 이곳을 잘 지키고 가꿔야 사람들이 니네 마을을 좋아할 거야. 너희가 쓰레기 감시단이 되어야 해. 약속할 수 있지?"

"네!" 아이들은 소리 높여 합창했다.

그래! 어린이 아카데미를 개설해서 올레길에 있는 초등학교마다 찾아다니는 거야. 이 길을 어떻게 지키고 보존하고 가꿔야 하는지를 가르치고 '올레 지킴이'로 길러내는 거야. 아이들을 통해 어른들을 교육시키고 설득하는 거야. 순식간에 많은 생각이 스쳐지나갔다. 분리수거를 번거로운 가욋일로 여기고, 오래된 습관대로 해안가나 오름, 밭 돌담가에 쓰레기를 그러모아 소각하는 마을 주민에게 행정의 단속이나 올레 측의 당부가 먹힐 리 만무하다. 하지만 그들도 귀여운 딸, 아들, 손자, 손녀의 말에는 귀 기울이지 않겠는가.

누구에게 이 일을 맡길까. 궁리하던 중 불현듯 적임자가 떠올랐다. '바람도서관' 박범준 관장! 개장행사에서 두어 번 스치듯이 만난 그들 부부에 대해서는 매스컴을 통해 소상히 알고 있었다. 부부 모두 카이스트 출신으로 촉망받는 인재였지만 모든 것을 떨치고 강원도로 이주했다가 제주에 정착해서 사설 도서관 겸 카페, 민박집을 운영하는 부부였다.

박관장을 적임자로 낙점한 건 사무실로 부쳐온 박관장의 책 한 권 덕분이었다. 이공계 출신답게 제주 화산섬의 생성 과정을 친절한 그림을 곁들여서 조근조근 설명해놓았는데, 자연과학에는 문외한인 내게 큰 도움이 되었다. 그런 박관장에게 어린이 아카데미를 맡긴다면, 생각만으로도 절로 신명이 났다.

그에게 전화를 걸어 만나자고 청했다. 만나자마자 어린이 아카데미에 관한 구상을 폭포수처럼 쏟아냈다. 조용하고 차분한 성격의 박관장은 시종일관 듣기만 하더니, 뜻밖에도 선선하게 제안을 받아들였다. "재미도 의미도 있겠는데요. 교육안은 제가 짜볼게요. 어린이들한테 원래 관심이 많아요."

어린이 아카데미는 성인보다 더 섬세하고 전문적인 접근이 필요한 아동 학습의 특수성을 감안해서 천천히, 신중하게 진행하기로 했다. 우선 한 학교만이라도 시범적으로 해본 뒤에 그간의 경험을 토대로 교안과 학습 방식을 보완해서 대상 학교 수를 늘려가자. 우리는 의견의 일치를 보았다. 오의삼 선생님을 통해 몇몇 현직 교장선생님을 접촉했는데, 서귀포 북초등학교 교장선생님이 가장 큰 관심을 보였다.

  2010년 4월부터 4, 5, 6학년을 대상으로 일주일에 한 번씩, 한 달 동안 환경교육을 하기로 했다. 그 소식을 접한 학부모들이 더 뜨거운 관심을 보여서 '엄마와 아이들이 함께 하는' 프로그램으로 진화했다. 박관장은 앞으로 시나 면 단위의 큰 학교보다도 중산간 벽지의 작은 학교를 찾아갈 계획이다. 돈도 명예도 없는 일에 시간과 열정을 쏟는 박관장 같은 이가 있기에 가능한 어린이 아카데미였다.

  요즈음 나는 또 다른 꿈을 꾼다. '청소년 아카데미'가 그것이다. 내 고향 서귀포는 감귤과 관광으로 물질적인 측면에서는 비교적 풍요롭지만, 정신적인 측면에서는 빈곤하기 이를 데 없다. 지적 자극을 불러일으킬 만한 인프라도, 문화적 욕구를 충족시켜줄 프로그램도, 정신적인 영향을 줄 만한 멘토도 찾기 힘든 것이 지역의 현실이다.

  섬에 갇힌 혈기왕성하고 호기심 많은 사춘기 청소년들은 '관광객의 천국'에서 쉽사리 쾌락과 패싸움, 술과 노름에 빠져들고 만다. 어린 시절 야무지고 똑똑했던 동생 동철이와 그의 친구들이 십대에

접어들면서 폭력조직 땅벌파를 결성한 건 가정환경 탓도 있지만 지역사회의 황폐한 문화적 환경도 한몫 거들었다.

　　　　육지에서 내려온 문화 예술 지식인들이 올레를 걷고 난 뒤 제주 지역의 청소년에게 시도 낭송해주고, 바이올린 교습도 해주고, 전자기타도 가르쳐주고, 특강도 해준다면. 불러들이는 경비와 시간을 절약하면서 제주에 인문 예술의 꿈나무를 키울 수 있지 않을까. 감수성 예민한 청소년기에는 단 한 번의 만남에서 인생 항로가 바뀌기도 하지 않는가.

　　　　자신의 재능과 잠재력을 엉뚱한 곳에 쏟아버린 내 동생 동철이처럼 불행한 후배들이 더는 없도록, 그런 아이들이 아름다운 들꽃처럼 저마다의 빛깔과 모습으로 피어날 수 있도록 청소년 아카데미가 열릴 그 날을 꿈꾼다. 나는 또, 꿈꾼다. 이 책의 독자 중 나와 더불어 같은 꿈을 꿀 누군가를.

오늘도
올레길은
올레스럽게
진화 중

2009년 1월, 낯선 번호의 전화가 걸려왔다. 서귀포시 대포동 주민자치위원회 김동한 위원장이란다. 대포동이라면 내가 거주하는, 올레 8코스 초입의 마을이다. 또 무슨 골치 아픈 민원인가, 싶었다. 코스 개장 이후 '출입을 막겠다', '민박집을 짓게 해달라' 등등 갖가지 민원에 시달려온 터였다.

그런데 듣다 보니 전혀 다른 이야기다. 서이사장이 공무원 대상 특강에서 대포동 주민자치위가 만든 산책로를 비판하는 걸 들었다, 다른 코스를 걸어봤더니 자신들이 잘못 생각했다는 걸 알게 되었다, 그 잘못을 속죄하는 뜻에서 바닷가 숲길을 복원할 생각인데 한번 현장에 와서 봐주기를 바란다는 요지였다.

아하, 문제의 산책로를 만든 장본인이 주민자치위였구나! 물질하는 해녀나 소수 주민만 알고 지내던 대포포구 해녀작업실로 가는 길을 올레꾼들이 찾아들면서, 주민자치위로서는 울퉁불퉁한 바닷가 잔돌들이 퍽 마음에 걸리더란다. 외지인들이 편안하게 다닐 수 있도록 조치를 취하기로 하고, 자체 예산을 들여 산책로를 조성했던 것이란다.

저간의 사정은 알 리 없는 나는 오랜만에 8코스를 걷다가 깜짝 놀랐다. 자글자글 정겹게 말을 거는 듯한 조약돌 해안길이 살풍경한 '공구리 산책로'로 둔갑해 있었다. 회색빛 산책로는 주변의 거무스레한 현무암 갯바위와 어색하게 겉돌았다. 자연과 더불어 살면서 오랫동안 열리지 않던 '뚜껑'이 순식간에 확, 열렸다. 행정관청에서 집행한 공사겠거니 짐작한 나는 디지털카메라로 즉각 사진을 찍었다.

며칠 뒤 서귀포시청 공무원 특강에서 공사 전과 공사 후의 달라진 모습을 슬라이드로 보여주었다. 민간이 손으로 정성껏 다듬어 놓은 돌길과 행정이 예산을 투입해서 시멘트로 싹 발라놓은 길, 어떤 길을 올레꾼이 좋아할 것 같으냐고 되물었다. 민간이 땀 흘려 내놓은 길을 행정이 뒤따라와서 공구리질을 하면 기운 빠져서 일하겠는가, 이런 일이 재발되면 그 코스는 폐쇄하겠노라고 목소리를 높였다.

알고 보니 행정당국이 아니라 주민자치위가 일을 벌였던 모양이다. 한번 가보기로 했다. 아무리 일정이 바쁘더라도 ㈜제주올레로서는 길 내는 것보다 중요한 일이 있으랴.

"이 길이 개장되면 올레길 중 최고일 겁니다,
 안 그렇습니까?"

김위원장은 약속한 선궷내 다리에서 기다리고 있었다. 지긋한 연배인데도 만나자마자 "정말 미안합니다. 저희가 올레길의 취지를 잘 몰라서. 좋은 뜻에서 벌인 일이니 이해해주세요"라고 거듭 사과했다.

공무원 특강 이후 시청에서는 사실 확인에 들어갔고, 대포동 주민자치위는 싫은 소리를 들은 듯했다. 그는 내게 미안해했지만, 나도 미안한 마음이 들었다. 올레꾼이 어떤 길을 사랑하는지, 도시인이 포장길에 얼마나 염증을 느끼는지 몰라서 딴에는 잘하느라고 벌인 일이건만. 그런 일을 겪고도 올레 측을 원망하기는커녕 일부러 다른 코스를 걸어보고 자기네 마을길을 '업그레이드' 시키려고 하는 마음이 고마웠다.

김위원장은 본론에 들어갔다. "저 아래 선궷내 산책로를 따라 조금만 걸어가면 바다가 나오잖아요. 다들 더이상 길이 없는 줄 알고 되돌아오는데, 예전엔 거기서 대포포구로 이어지는 길이 있었어요. 전형적인 바당올레죠. 숲도 울창하고 주상절리도 감상할 수 있는 절경이지요. 마을에 포장도로가 생기면서 잊혀지고 만 겁니다. 나이 든 사람들이나 어렴풋이 기억할런가, 젊은 사람들은 아예 모르고요. 올레길로는 이런 길이 제격이잖습니까. 저희에게 실수를 만회할 기회를 준다면 마을에서 자체적으로 복원해볼랍니다. 가시덤불만 일단 제거해놨으니 한번 둘러보시죠."

그는 성큼성큼 앞장섰다. 몇 번이나 답사를 했건만, 선궷내 산책로가 끝난 지점에서 바다에 막혀서 아쉽게 돌아서곤 했었다. 그런데 바닷가 해송숲을 끼고 도는 길이 있었다니. 원주민이 아니고서는 도저히 알 수 없는 길, 아니 주민들의 기억에서조차 가물가물 지워져가는 길이라니. 이러니 답사 과정에서 놓칠 수밖에.

선궷내가 바다와 몸을 섞는 지점. 시야가 확 트이면서 눈앞에 펼쳐지는 풍경이 참으로 황홀하다. 왼쪽으로는 8코스 출발점인 월평포구가 아련하고, 오른쪽으로는 그 유명한 대포동 주상절리대가 병풍 같다. 탐사대가 발길을 돌렸던 지점에서 김위원장은 거침없이 오른쪽으로 몸을 틀어 갯바위를 타기 시작했다. 구두를 신은 그가 등산화를 신은 나보다 날렵했다. 하기야 어릴 적 이 바닷가를 동네 놀이터처럼

ⓒ김진석

누볐을 터이지.

　　　　　반대편으로 올라서자마자 하늘을 가릴 듯 울울창창한 소나무숲이 우리를 반겼다. 봐주는 사람이 없어서 참으로 외로웠단다, 너희들 오기를 기다렸단다, 해송들이 말을 거는 듯했다. 숲길은 뜻밖에 길었고, 솔잎이 두텁게 깔린 흙길은 보드라웠다. 길을 걷는 내내 푸른 바다는 언뜻언뜻, 때로는 온몸을 다 내보였다. 이곳의 주상절리대는 컨벤션센터 앞 주상절리대와는 또 다른 느낌이었다. 떡시루를 차곡차곡 쌓아올린 듯 작고 반듯반듯한 육각형 주상절리대!

　　　　　이윽고 전망이 사방으로 탁 트인 절벽 위. 김위원장은 한껏 바다공기를 들이마시더니 고향 자랑을 늘어놓았다. "그놈의 산책로 때문에 지적받고서 홧김에 올레 코스를 몇 군데 다녀봤습니다. 좋은 곳이 참 많더라고요. 하지만 이 선궷내길이 개장되면 그중 최고라는 평가를 받을 거라고 자신합니다. 안 그렇습니까?"

　　　　　경쟁과 욕심은 인간을 황폐하게 만들기 십상이다. 그러나 자연의 아름다움을 견주는 경쟁과 욕심은 인간을 풍요롭고 행복하게 한다. 대포포구의 풍광 못지않게, 마을의 아름다움을 사랑하는 김위원장의 열정에 마음이 끌렸다. "그렇고 말고요. 길이 마무리되면 올레 코스를 이쪽으로 돌릴게요. 아시죠? 나무 한 그루도 건드리면 안 된다는 거. 오직 한 사람이 걸을 수 있는 폭으로만 낸다는 거. 걷는 길은 좁아야 예쁘고 사랑스럽거든요."

　　　한 달여 뒤 '선궷내 바당올레' 길이 열렸다. 8코스를 이미 걸었던, 서울에서 내려온 선배와 더불어 새로 난 길을 걸었다. 선배는 바당올레가 품은 정경에 넋을 잃었다.

　　　"올레에서는 기적이 벌어지는구나. 추억의 여행지에 다시 가보면 변심한 애인처럼 확 달라져서 정나미가 뚝 떨어지곤 했는데. 여긴 더 사랑스럽게 진화하네."

탐사대 또 일내다! 6코스 바당올레 숲길

　　　개장 이후 진화한 구간은 8코스 선궷내길만이 아니다. 6코스 구두미포구에서 이어지는 '바당올레 숲길'은 서동성 국장이 이끄는 탐사대가 새로이 낸 명품길이다.

　　　개장할 때만 해도 구두미 포구를 지나 콘크리트 포장길을 따라서 하수종말처리장으로 이어졌던 길인데, 개장 이듬해부터 이 길에 표지판이 나붙더니 도로 확장 공사가 벌어졌다. 올레꾼들의 불평이 터져 나왔고, 개중에는 올레 때문에 도로가 확포장되는 게 아니냐면서 비난하는 이도 있었다. 억장이 무너질 일이었다. 서귀포시청에 알아보니 십여 년 전부터 보목리 주민들의 숙원인 해안도로 포장 건이 예산 문제

로 미뤄지다가 올해 비로소 시행되는 것이란다.

관청이 벌이는 주민 숙원사업 때문에 (사)제주올레가 덤터기를 쓰는 것도 억울했지만, 더 큰 문제는 도로가 인도도 따로 설치하지 않은 채 휑하니 넓어졌다는 점이었다. 탐사대는 바닷가 쪽으로 새로운 루트를 찾아야만 한다고 주장했다. 허나 해경초소로 가로막혀 갈 수 없는 길을 어찌 한단 말인가.

하늘이 도운 것일까. 몇 달 뒤, 해경초소가 철거되었다는 소식이 들려왔다. 때마침 보목리 어촌계장님이 서동성 탐사국장에게 귀띔해주었다. 해경초소를 지나 바닷가 쪽으로 오래전에 마을 사람들이 다니던 길이 있었다고. 잡목과 잡초가 무성한 해안가 땅은 확인해보니 공유수면이 아닌 사유지. 동의를 얻으러 주인과 만났다. 이번에도 하늘이 도운 걸까. 땅주인은 올레길에 퍽 호의적인 열성 올레꾼이었다.

7인의 탐사대원들이 이 길에 달라붙었고, 보름 만에 한 사람이 겨우 지날 만한 숲길이 완성되었다. 탐사국장이 낭보를 전해오자 한걸음에 현장으로 달려갔다. 휑 뚫린 아스팔트에서 한 발짝 너머에 이토록 아름다운 길이 숨어 있었다니! 1킬로미터 남짓한 바당올레 숲길은 파도소리를 친구 삼아 걷는 길이었다.

며칠 뒤, 바당올레가 눈에 밟혀서 다시 찾았더니 숲길 중간즈음에 아담한 정자가 들어서 있는 것이 아닌가. 살랑살랑 해풍에 땀을 말리고 지친 발을 쉬어가기에 안성맞춤인 소박한 쉼터였다. 어디서 만든 걸까? 시청일까? 주민자치위일까? 길을 새로 낸 지 얼마 되지도 않았는데 참 발 빠르기도 하지.

진상은 이내 밝혀졌다. 숲길을 빠져나오려는데 누군가가 반대편에서 걸어온다. "혹시 정자 보셨어요? 마침 집에 굴러다니는 나무가 있길래 그늘 아래 조그맣게 해놨는데……."

쉬어갈 길손을 위해 아담한 정자를 만든 건, 땅 주인이었다! 사유지이니 절대로 출입을 허용할 수 없다는 이들도 많은데, 사유지를 내주고서도 모자라 쉼터까지 만들어주다니. 자연을 소유의 척도로만 따지지 않고 더불어서 즐기려는 넉넉한 마음이 고마웠다.

죽음의 4코스를 '죽이는 코스'로 만들자

2010년 6월 12일 오전 9시, 책을 쓰느라 통 틈이 없다는데도 한번만 와보라는 성화에 못 이겨서 올레 4코스 '1사 1올레 걷기' 행사에 참가했다. 자매결연을 맺은 표선면 주민자치위원회와 해비치 콘도가 공동으로 주최한 행사였다. 참가를 강요하다시피 한 이유를 현장에 가서야 알게 되었다. 표선 해비치 해안에서 가마리까지 새로운 바닷길을 마을 사람들 힘으로 냈는데, 올레 이사장이 한번 봐달라는 것이었다.

그들이 해안길을 새로 낸 이유는 한마디로 자존심 때문이었다. 표선 해비치 해안은 대한민국에서 백사장 면적이 가장 넓은데다 일출과 일몰이 무척이나 아름다운 곳. 올레 코스 중 제일 긴 구간으로 꼽히는 3코스를 걸어온 올레꾼은, 그림 같은 바다목장길에 이어 나타나는 광활한 백사장에 넋을 잃고, 바닷물에 지친 발을 담그면서 '올레!'를 외친다.

문제는 이 아름다운 해수욕장에서 시작되는, 4킬로미터에 이르는 4코스 전반부 해안도로. 올레길에서 가장 긴 도로여서 올레꾼들의 원성이 높은데다 한여름에는 그늘 한 점 없는 도로가 태양빛에 뜨겁게 달궈져서 올레꾼들을 고통스럽게 했다. 에둘러갈 만한 마을 안길도 없는지라 눈물을 머금고 해안도로를 택했지만, 늘 찜찜하고 마음에 걸렸다.

(사)제주올레만 그런 마음이 아니었던 모양이다. 마을 대표자가 설명했다. 올레꾼들이 우리 4코스를 죽음의 코스다, 마의 코스다 불평하는 걸 들으면서 무척 속상했다고. 여름이 오기 전에 어떻게든 바닷가 쪽으로 길을 내야 한다는 생각에서 주민들이 모다들엉 길을 냈노라고. 주민자치위원회, 메오름 동우회, 해병 전우회, 해비치 직원들이 공동 작업에 일손을 보탰단다.

발바닥이 통통 울리는 밋밋한 해안도로 대신 우리를 맞이한 건 갯내음이 짭조름히 풍기고 순비기가 향긋한 향을 내뿜는 바당올레 길이었다. 가지런히 깔린 바닷가 돌길을 걸으면서 건들거리는 해풍을 즐기는 맛이란! 커다란 갯바위에 가로막혀 아스팔트로 나와야 하는 구간에는 자잘한 잡석 부스러기를 뿌려서 마사지 길을 만들고, 그늘이 없는 곳에는 나무를 심어놓았다.

"이제부턴 4코스가 죽음의 코스가 아니라 쥑이는 코스로 불리겠는데요!" 탄성을 지르자 마을 사람들은 흐뭇한 얼굴로 고개를 끄덕였다.

도로포장만 장땡으로 여기던 마을 사람들이 옛길을 복원해내고, 아스팔트라서 미안하다고 '모다들엉' 바닷가로 돌길을 내고, 탐사대원들이 도로 확장에 맞서서 새로운 흙길을 찾아내면서 올레길은 끊임없이 올레스럽게 진화한다. 올레길은 고정불변의 닫힌 길이 아닌 살아 움직이는 열린 길이기에. 완성된 길이 아닌 현재진행 중인 길이기에.

세계를 향해,
올레 걷기 축제

언론사에서 근무하면서 취재차 축제 현장에 간 적도, 백수시절 여행을 다니면서 우연히 축제를 목격한 적도 있다. 그런데도 축제다운 축제를 본 기억은 별로 없다. 관이 주도한 지방 축제에는 동원된 티가 팍팍 나는 공무원, 관변단체 관계자, 부녀회와 학생이 대부분. 제법 입소문을 타고 유명해진 축제는 자랑과 인파로 민집스럽기만 했다. 다른 지역, 다른 테마의 축제인데도 식전행사는 붕어빵처럼 닮은꼴이고, 포장마차에서 파는 음식도 한결같이 엇비슷했다.

올레길을 내면서 길 위의 축제를 꿈꾸었다. 관 아닌 민이 주도하는 축제, 마을 사람과 참가자가 어우러지는 축제, 이벤트 회사가 섭외한 연예인이 아닌 마을 아마추어 공연단이 흥겨운 한마당을 펼치는 축제, 판박이 음식이 아닌 토속 음식이 재현되는 축제, 오감을 작동하여 온몸에 추억을 새기고 가슴에 그득 담아가는 축제를 꿈꾸었다.

2008년 제주도청이 주최하는 '축제 공모전' 공고가 나오자, 구상도 가다듬을 겸 상금 타서 사무국 재정에도 보탤 겸 친구 영선이와 날밤을 새가면서 마감날에 가까스로 접수를 했다. 예심을 통과하고 축제위원들에게 프레젠테이션을 하는 날. 안면 있는 도청의 고위 관계자를 심사장 입구에서 마주쳤는데, "풍물이면 몰라도 걷기가 무슨 축제우꽈, 그냥 걸으면 되는 거 아니우꽈"라며 냉소했다.

걷기는 축제가 아니라니? 전 세계에서 육만여 명이 모인다는 '나이메헌 축제'는 그럼 뭐냐구요! 며칠 뒤 결과 발표에서 올레 축제안은 우수상에 그쳤다. '언젠가 걷기가 명품 축제가 될 수 있다는 걸 보여주자.' 영선이와 나는 주먹을 불끈 쥐었다.

놀멍 쉬멍 걸으니 알겠네, 나이메헨 축제의 참맛

2009년 6월, 은주와 나는 '나이메헨 세계 걷기 축제'에 참가했다. 앞날을 대비한 사전 공부 차원에서였다. 두 달 전부터 인터넷을 뒤져 알아봤는데도 행사장 인근의 숙소들은 이미 예약 완료 상태. 하는 수 없이 기차로 이삼십 분 걸리는 작은 마을에 숙소를 잡고 나이메헨까지 기차로 이동하기로 했다.

그림엽서에서나 나옴직한 네덜란드 풍경에 취해 있다가 '나이메헨'이라는 익숙한 이름이 흘러나오자 용수철처럼 튕겨져 나갔다. 역 앞에는 행사장으로 향하는 배낭족 행렬이 뱀꼬리처럼 이어져 굳이 사람을 붙들고 묻지 않아도 되었다. 행사장 입구에는 알록달록한 천막이 즐비했고, 행사장 안은 세계에서 몰려든 참가자들로 발 디딜 틈이 없었다.

요란한 식전행사도, 스피커의 소음도 없었다. 그저 참가자들의 떠들썩함과 흥겨움만이 넘쳐나고 있을 뿐. 그들의 얼굴은 기대감으로 반짝거렸는데, 놀랍게도 상당수가 노인과 군인들이었다. 군인이 많은 까닭은 백여 년 역사를 자랑하는 대회의 기원이 군대의 행군에서 비롯되었기 때문이란다. 미국과 유럽, 유엔에서 몰려든 군인들은 포병, 보병, 군악대, 여군, 그린베레 특공대 등으로 완전군장 중무장 차림새였다.

군인 참가자와는 달리 일반 참가자들의 복장은 그야말로 개성 만발이었다. 전형적인 트레킹 복장을 차려입은 참가자들도 있지만, 깃발에, 가면에, 페이스페인팅에 난리도 아니었다. 이럴 줄 알았으면 우리도 붉은 악마 티셔츠를 입든, 태극기를 온몸에 두르든, 제주 갈옷을 입든 했을 텐데, 아쉬웠다.

코스는 20킬로미터, 30킬로미터, 40킬로미터 세 종류로, 선택하기 나름. 나흘 내내 똑같은 거리를 걸으면서 중간 중간 일정 구간마다 바코드를 찍고, 최종 폐막일에 완주증서를 받는 식으로 축제는 진행되었다. 긴 시간 걸어야 하는 40킬로미터 신청자들이 출발하고 난 뒤, 시차를 두고 출발하는 방식이었다.

잔뜩 기대를 품고 20킬로미터에 참가한 우리 일행은 출발한 지 삼십 분도 안 돼서 너나 할 것 없이 고개를 갸우뚱했다. "선배, 이거 좀 이상하다." "설마 도심의 아스팔트 구간이 계속되진 않겠지?" "무슨 도심 퍼레이드 같아!" 차량이 통제된 6차선 아스팔트 도로를 점령한 채 걸어보는 해방감도 잠깐. 뜨거운 태양 아래 달궈진 아스팔트가 발바닥을 고통스럽게 했다.

나흘 동안 가끔은 목장길도 걷고 한적한 시골 마을도 들렀지만, 대부분이 포장길이나 아스팔트 도로, 마을의 큰길이었다. 풍선처럼 부풀었던 마음엔 '푸웅' 바람 꺼지는 소리가 절로 났다. 게다가 군인은 어느 나라를 막론하고 어찌나 질서정연하고 행군속도가 빠른지. 가끔 대열이 지쳤다 싶으면 구령을 붙이면서 씩씩하게 군가를 불러대는 것도 비슷했다.

　　　　'놀멍 쉬멍 걸으멍'을 모토로 삼아온 은주와 나마저 그들의 페이스에 말려들어 행군 모드로 돌입했다. 종착점에서는 다리를 절뚝거리며 패잔병처럼 걸어 들어오는 참가자들이 여럿 눈에 띄었다(레스토랑 옆자리에서 식사하던 삼십대 네덜란드 여성은, 40킬로미터에 도전해 도합 160킬로미터를 완주한 아버지가 대회 이튿날 심근경색으로 급사했다는 이야기를 들려주었다 TT).

　　　　대회 마지막 날 우린 결단을 내렸다. 올레 마인드로 축제를 즐기기로. 놀멍 쉬멍 걷다 보니 나이메헨 축제의 미덕이 눈에 들어왔다. 축제를 진짜 즐기는 건 참가자가 아닌 마을 사람들이었다. 어린아이들은 길에서 참가자에게 사탕을 나눠주면서 악수를 청하고, 마을의 노인들은 실버 브라이스밴드를 구성해서 신나게 음악을 연주하고, 주민들은 참가자를 구경하면서 와인과 맥주를 마셨다. 꼬마 때 증조부의 손을 잡고 축제를 구경한 이래 해마다 축제날을 기다린다는 늙수구레한 아저씨. 참가자가 손만 내밀어도 '꺄오' 소리를 지르면서 기뻐 날뛰는

아이들. 그런데도 대다수 참가자들은 올림픽 경기에 나선 마라톤선수 마냥 다 마신 물병을 길거리에 내던지며 획획 지나갔다. 사탕을 건네준 아이와 손 잡을 새도 없이. 아이들은 못내 아쉬운 표정이었다. 이건 아니야, 정말 아니지.

표선 백사장을 맨발로 걷고, 고기국수를 후루룩 함께 즐길래요? 올레 축제!

　　나이메헌 견학을 통해 올레 축제에 대한 우리의 생각은 더 확고해졌다. 기록과 속도에 주안점을 두는 여느 걷기 대회나 축제와 달리, '느리게 걸으면서 마을과 소통하는' 축제를 열자. 그러려면 참가자에게 대회의 콘셉트를 명확히 알려야 하고, 마을에서는 다양한 음식과 프로그램을 계발해야만 한다.

　　올레 사무국은 마을에 들를 때마다 전해 내려오는 토속 음식이 무엇인지, 주민들로 구성된 민요 모임이나 궐궁패, 민속 공연단이 있는지를 조사했다. 몇 년 전부터 각종 마을 문화사업이 활발하게 전개된 덕분에 뜻밖에도 마을에는 오랜 기간 호흡을 맞춰온 공연 단체나 아마추어 모임이 적지 않았다. 됐어, 한번 해보는 거야!

드디어 2010년 첫 '올레 걷기 축제'가 열린다. 11월 9일부터 13일까지 닷새 동안. 관광의 섬 제주도라지만, 11월부터는 관광 비수기여서 섬을 찾는 관광객들이 급격히 줄어든다. 그러나 제주섬을 걷기에는 11월이야말로 가장 환상적인 계절. 본토의 초가을 같은 선선한 날씨인데다, 봄철에 비해 바람도 덜한 편이다. 더군다나 이 무렵엔 올레길 전체가 밀감으로 뒤덮인다. 거무스레한 현무암 돌담과 오렌지빛 밀감의 강렬한 대비를 즐기면서 걷노라면 제주의 매력에 절로 빨려들 수밖에 없으리라.

첫술에 배가 부르는 법은 없다. 백 년 전통의 나이메헨 축제도 처음엔 작은 마을을 지나가는 군대의 행군에 불과했지만, 세월이 흐르면서 세계인이 찾는 축제가 되었다. 올레 축제도 제주만의 매력적인 풍광과 독특한 문화를 제대로 결합해낼 수 있다면 오십 년 뒤에, 백 년 뒤에 그러지 말란 법이 없지 않은가.

뒤끝 작렬의 소심한 A형이라서 그럴까. 귀밑머리 허연 할망이 돼서 축제가 벌어지는 날, 내게 냉소했던 공무원에게 한 방 날려주고 싶다. "어떻허우꽈. 걷기도 충분히 축제가 됨찌양? 아니우꽝?" 그러곤 그와 더불어 축제 행렬에 섞여들어 한바탕 신나게 흥을 풀어볼 테다. 생각만 해도 짜릿하다.

나오며

지금,
여기에 사는
즐거움

제주올레길을 걸으러 오는 사람들, 그 길을 내는 사람들, 그 길에서 사는 사람들의 수많은 사연을 지난 삼 년간 직접 보고 들었다. 때로는 눈물을 흘리면서, 때로는 박장대소하면서, 때로는 가슴 먹먹한 감동을 느끼면서.

언론사 기자로만 이십삼 년을 살았다. '글쟁이'로 사는 게 지긋지긋해서 몸으로 사는 '길쟁이'의 삶을 시작한 나였다. 그러나 쓰는 일의 고통을 감수하고서라도 이들의 사연을 들려주고 싶어졌다. 아직도 길을 떠나지 못한, 자연에서 치유 받지 못한, 고달프고 서러운 영혼의 도시인들에게.

기록이 지겨워서 그 세계를 떠났던 나는 기록하고 싶어졌다. 어처구니없는 일들이 너무나도 자주, 많이 벌어지는 '토목공화국'의 변방에서 지난 삼 년간 일어난 기적의 '올레 스토리'를.

을 제대로 찾았다.

서동성 국장을 비롯한 탐사대원 7인의 수고로움이야 말해 무엇하랴. 그들은 끊어진 길은 잇고, 사라진 길은 불러내고, 없는 길은 새로이 내는 힘든 일을 감당했다. 한번 낸 길도 '토목공화국'의 쉬임없는 공사 때문에 다시 길을 내야 하는 일도 다반사였다. 그때마다 그들은 용케도 더 환경친화적이고 더 아름다운 길을 찾아내곤 했다. 감사하다는 말로도 부족하다.

'1사 1올레'에 동참하여 올레마을들과 기꺼이 자매결연을 맺어준 기업들 - 연대 세브란스병원, 현대기아자동차그룹, 대한항공, 풍림그룹, ㈜벤타코리아, 코카콜라 음료㈜, ㈜LG생활건강, 한국전기안전공사 제주지역본부, KT제주법인사업단, ㈜보광제주, 가톨릭중앙의료원, 서귀포 슬로시티 육성팀에 감사를 전한다.

무엇보다도 행복하게 올레길을 걸어준 모든 올레꾼들에게 감사를 전한다.

꼬닥꼬닥 걸어가는 이 길처럼
ⓒ 서명숙 2010

1판 1쇄	2010년 8월 9일
1판 3쇄	2010년 9월 10일
지은이	서명숙
펴낸이	김정순
기획·편집	변경혜
디자인	김리영
마케팅	한승일 임정진 박정우
펴낸곳	㈜북하우스 퍼블리셔스
출판등록	1997년 9월 23일 제406-2003-055호
주소	서울특별시 마포구 서교동 395-4번지 선진빌딩 6층
전자우편	editor@bookhouse.co.kr
홈페이지	www.bookhouse.co.kr
전화번호	02-3144-3123
팩스	02-3144-3121
ISBN	978-89-5605-478-0　03810

이 도서의 국립중앙도서관 출판도서목록(CIP)은 e-CIP 홈페이지
(http://www.nl.go.kr/cip.php)에서 이용하실 수 있습니다. (CIP 제어번호: CIP2010002751)